中等职业教育电子商务类专业系列教材

农产品营销型美工

NONGCHANPIN YINGXIAOXING MEIGONG

主编 徐曼玲

西安交通大学出版社
XI'AN JIAOTONG UNIVERSITY PRESS

图书在版编目(CIP)数据

农产品营销型美工 / 徐曼玲主编. --西安：西安交通大学出版社,2024.12. --(中等职业教育电子商务类专业系列教材).-- ISBN 978-7-5693-3974-1

Ⅰ.F762

中国国家版本馆 CIP 数据核字第 2025SC2451 号

书　　名	农产品营销型美工
主　　编	徐曼玲
策划编辑	曹　昳
责任编辑	刘艺飞
责任校对	张明玥
封面设计	任加盟

出版发行	西安交通大学出版社
	（西安市兴庆南路1号　邮政编码710048）
网　　址	http://www.xjtupress.com
电　　话	(029)82668357　82667874(市场营销中心)
	(029)82668315(总编办)
传　　真	(029)82668280
印　　刷	陕西印科印务有限公司
开　　本	787 mm×1092 mm　1/16　印张 13.25　字数 310千字
版次印次	2024年12月第1版　2024年12月第1次印刷
书　　号	ISBN 978-7-5693-3974-1
定　　价	62.00元

如发现印装质量问题,请与本社市场营销中心联系。
订购热线:(029)82665248　(029)82667874
投稿热线:(029)82668804
读者信箱:phoe@qq.com

版权所有　侵权必究

前言

随着经济的发展和人民生活水平的提高,农产品市场竞争日益激烈。如何在这个背景下,提高农产品附加值和市场竞争力,增加农民收入,已成为农业发展的关键问题。农产品的加工和深加工能够提高产品的附加值,并延长产品的保鲜期,将农产品加工成其他食品或者保健品等,能够满足不同消费者的需求,增加产品的市场竞争力。此外,构建农产品渠道联盟需要有明确的目标和行动计划,联盟成员间要有组织相容性。总之,农产品营销策略的制订和实施对于提升农业现代化水平和农村经济发展具有重要意义。

本教材主要介绍了该学科的基本概念、研究对象和研究内容。以"工作过程系统化"为指导,以现代市场营销学和农业经济学的原理为基础,阐述了农产品的概念与分类、市场与营销环境、产品策略、价格策略、渠道策略和促销策略等内容。

限于编者水平,书中尚有不足之处,敬请广大读者提出宝贵意见,以臻完善。

编 者
2024 年 9 月

本书相关素材

目录

项目 1　开展农产品美工设计准备工作 1

任务 1.1　开展线上平台农产品市场调研 3
任务 1.2　开展农产品线上销售平台用户分析 5
任务 1.3　分析农产品美工设计要点 7

项目 2　处理农产品图片和素材 19

任务 2.1　分析农产品图片卖点展现形式 20
任务 2.2　收集农产品美工设计素材 27
任务 2.3　掌握农产品图片处理工具和方法 30

项目 3　撰写农产品美工设计文案 53

任务 3.1　挖掘农产品卖点 54
任务 3.2　撰写农产品 Banner 文案 58
任务 3.3　撰写农产品主图文案 61
任务 3.4　撰写农产品详情页文案 62
任务 3.5　撰写农产品营销推广文案 65

项目 4　开展农产品美工图文排版 69

任务 4.1　开展农产品 Banner 图文排版 70
任务 4.2　开展农产品主图图文排版 86
任务 4.3　开展农产品详情页图文排版 96
任务 4.4　开展农产品营销推广图片图文排版 122

项目 5　设计农产品线上平台营销图片 …………………………………………… 129

　　任务 5.1　设计水果类农产品美工图片 ………………………………………… 129

　　任务 5.2　设计农副产品类农产品美工图片 …………………………………… 159

　　任务 5.3　设计花卉类农产品美工图片 ………………………………………… 182

项目 1　开展农产品美工设计准备工作

大学刚刚毕业的小影入职了一家农产品销售公司,在电商设计部门负责设计工作,在正式上岗前,公司安排了项目经验丰富的设计师老张对小影进行岗前培训,帮助她尽快熟悉工作任务并提高独立设计能力。

项目目标

- 了解农产品美工设计的概念;
- 掌握线上平台农产品市场调研的方法及内容;
- 掌握农产品线上销售平台用户分析的方法;
- 掌握农产品美工的设计要点。

岗前培训的第一项任务就是让小影熟悉美工设计及农产品美工设计的概念,了解美工设计这一岗位所必备的职业技能和素养,这样有助于顺利开展农产品美工设计工作。

所谓美工设计,是指运用艺术和设计原理,利用各种视觉元素(如线条、形状、颜色、质感等)和设计技术,创作出具有艺术性和美感的设计作品,如图1-1所示。其目的是通过视觉的方式有效传达信息、表达情感,从而引起观众或用户的注意和共鸣。在电商行业中,美工是一个不可或缺的岗位,工作内容主要包括修图、横幅广告设计、专题页设计等,级别更高的美工还要懂得交互理念。美工设计一般需要精通Photoshop、Illastrutor等设计软件,对平面、色彩、基调、创意等方面进行处理。

图 1-1

农产品是农业中生产的物品,如大米、高粱、花生、玉米、小麦及各个地区的土特产等。国家规定初级农产品是指农业活动中获得的植物、动物及其产品,不包括经过加工的各类产品。农产品美工设计就是将设计的重点集中在农产品上,突出农产品的特性,如图1-2所示。

图1-2

这就对设计者提出了一些要求。首先,美工设计需要了解农产品的相关信息,并且依据这些信息将原始的农产品图片和文案进行优化、编辑、合成等,通过不同的设计手法实现最直接、有效的传递。文字和图片能否恰当地结合、更好地表达主题,是成功设计的重点。其次,要根据不同类型客户的需求和宣传目的,制订个性化的创意思路和方案,为农产品营销策略提供视觉支持,并帮助客户打造品牌形象。因此进行美工设计,除了需要娴熟的软件技巧之外,还需要设计者具备一定的文学素养、艺术修养与审美能力。

网店美工的工作对商品销售、商品转化率等都有重要的影响。因为其工作的重要性,所以网店美工除了需要有扎实的美术功底、良好的鉴赏能力及创意思维,熟练掌握Photoshop、Dreamweaver、Premiere Pro等常用的设计与制作软件,具有基本的图像处理与设计能力,对网店页面的布局及色彩的搭配有独到的见解外,还需要不断地提升自身的工作能力。

网店美工需要提升文字功底,写出突出商品卖点的文案,并能通过图片和文字准确地向消费者展示商品的特点;需要有敏锐的判断力,能快速挖掘目标消费者的潜在需求;需要提升摄影和绘画水平,好的摄影图片可以增强商品图的美感并能节省一部分修图时间,而绘画可以让设计页面脱颖而出,现在很多网店的页面都会采用插画元素。优秀的网店美工设计人员不仅需要具备强大的专业技能,还应跨越技术层面追求更高的转化率,懂得从运营、推广、数据分析的角度进行思考,并将想法运用到设计中,以提升网店的转化率。

开展农产品美工设计前,需要进行充分的准备工作,包括线上平台农产品市场调研、开展农产品线上销售平台用户分析、分析农产品美工设计要点等内容,充分了解农产品市场需求及目标用户,为之后美工设计提供必不可少的前提条件。

任务 1.1　开展线上平台农产品市场调研

任务描述

在充分了解了美工设计的概念之后,小影接到了老张师傅的第一个任务,对相关农产品进行线上平台的市场调研。老张仔细为小影分析了目前农产品线上销售的背景,同时讲解了线上平台农产品市场调研的方法及内容。

《中共中央 国务院关于做好 2022 年全面推进乡村振兴重点工作的意见》提出:"实施'数商兴农'工程,推进电子商务进乡村。促进农副产品直播带货规范健康发展。"《中共中央 国务院关于做好 2023 年全面推进乡村振兴重点工作的意义》进一步提出:"深入实施'数商兴农'和'互联网＋'农产品出村进城工程,鼓励发展农产品电商直采、定制生产等模式,建设农副产品直播电商基地。"鼓励发展农产品电商,是当前培育乡村新产业新业态、推动乡村产业高质量发展的政策要点之一。

进入新时代,党中央坚持对"三农"工作的高度重视,在新中国成立以来特别是改革开放以来工作的基础上,通过开展脱贫攻坚、实施乡村振兴战略等,用有限资源稳定解决 14 亿多人口的吃饭问题,全体农民摆脱绝对贫困、同步进入全面小康,"三农"工作成就巨大、举世公认。具体到农产品电商领域,农村交通基础设施建设更为完善,"宽带中国""数字乡村"等战略不断推进,以及在"精准扶贫"政策的引导下,拼多多等新电商平台对农产品推广发挥了重要作用。2018 年到 2021 年,全国农产品网络零售额分别为 2305 亿元、3975 亿元、4158.9 亿元和 4221 亿元,增速分别为 33.8%、27%、26.2% 和 2.8%,农产品电商进入了高速增长期。

1.1.1　农产品线上平台调研的背景

随着互联网的普及和电子商务的兴起,各个行业都依附互联网的便利进行发展,农产品网络销售正在发生巨大的变化。越来越多的消费者开始接受和习惯通过电商平台购买农产品。

近些年农业生产方式的转变使得农产品产量不断上升,但部分农产品产量过剩,大量农产品滞销是农民的一大心病。互联网的不断发展,也给农产品的销售带来了转机,农产品可以利用很多线上平台的高效率、高覆盖率进行宣传与销售，缓解农产品滞销的压力。为了避免农产品滞销，同时提升销售量，前期线上平台农产品市场调研就显得尤为重要。

线上平台农产品市场调研可以从以下几方面进行。

一、用户需求

在消费者需求方面，越来越多的消费者愿意在网上购买农产品。这主要是因为网购具有便捷、快速、门到门的优势。此外，很多消费者在选择生鲜商品时会考虑到品质和安全性。因此，农产品电商平台需要保证商品的质量，确保商品的安全和营养价值，推出一流的产品和服务，提升消费者体验感。

二、商家需求

早期的农产品电商平台主要销售地方特产、闲置农产品，无需太多的品牌营销。但是随着电商平台竞争的日益激烈，农产品电商平台对农业企业的要求也越来越高，让更多的农业企业有机会做出品牌化产品。同时，也需要更多的广告宣传、品牌营销和渠道布局。

三、农产品电商发展趋势

未来，农产品电商平台将更多地引导农民和农业企业走品牌和专业化路线，这是电商平台不断升级模式的需求。企业需要从更高的角度来考虑如何提升农产品的品质、健康、安全和营养价值，进入消费者心目中真正高端、专业化的生鲜产品商城。这关系到电商平台企业未来的市场竞争力。

总的来说，农产品电商市场前景广阔，但是随着市场竞争的加剧和消费者消费需求的日渐多样化，农产品电商平台必须不断提高产品和服务的质量和水平，以满足消费者的需求，为农业企业提供更多的服务和机会，为企业持续发展奠定基础。

1.1.2　农产品线上平台调研报告的撰写

完成农产品线上市场调研后，结合所查相关材料，应撰写相应的调研报告，调研报告需要包括这几个方面。

（1）调查农产品网络营销的市场规模和趋势：

调查农产品网络销售平台的数量、规模和覆盖范围；

分析农产品网络销售在整体农产品市场中的占比。

（2）研究农产品网络销售的发展模式和特点：

调查不同农产品种类在网络销售中的流行程度和销售渠道；

探究农产品网络销售的供应链和物流体系。

（3）分析农产品网络销售面临的挑战和机遇：

研究目标群体对于农产品网络销售的态度和购买习惯；

分析竞争对手在网络销售中的优势和劣势。

(4)调查消费者对于农产品网络销售的需求和偏好：

了解消费者对于农产品网络销售的认知和接受程度；

探究消费者在网络销售中对于价格、品质和服务的重视程度。

(5)提出农产品网络营销的策略建议：

根据市场调研结果，针对不同农产品品类制订不同的网络营销策略；

提出提升农产品网络销售的关键因素和推广渠道。

任务1.2　开展农产品线上销售平台用户分析

任务描述

小影在老张师傅的帮助下，顺利完成了第一个任务，对相关农产品进行了线上平台的市场调研。接下来依据前期市场调研的内容，就可以进行线上销售平台的用户分析了。老张告诉她，做好用户分析可以精准地捕捉用户喜好、购买习惯、消费倾向等，从而获得用户画像，为之后美工设计提供参考价值。

随着互联网和移动互联网的普及，电商平台已经成为农产品销售的首选渠道之一。在这一背景下，农产品电商平台的用户行为分析显得尤为重要，这不仅有助于企业了解消费者的需求、制订营销策略，还有助于提高平台的用户体验。销售平台用户分析包括农产品电商平台用户的行为模式、影响因素及未来发展趋势。通过用户各项数据分析，我们可以优化运营策略、提升用户体验，从而提高电商平台的竞争力。

1.2.1　农产品电商平台用户行为模式

农产品电商平台的用户对价格、质量和服务等因素的关注程度各不相同，因此用户的行为模式也存在差异。一般来说，用户可以分为以下几类。

1)价格敏感型用户

这类用户通常会在比较多家电商平台的价格后，在其中选择最实惠的农产品。这种类型的用户一般对品牌认知不高，对廉价的农产品具有更强的消费欲望，相对而言，对农产品质量的关注度较低。

2)质量敏感型用户

与价格敏感型用户不同，这类用户更注重农产品的质量，他们更愿意购买知名品牌农产品或口碑较好店铺的农产品，并愿意支付较高的价格。对于质量不达标的农产品，这类用户一般不会购买。

3）服务敏感型用户

在购买农产品时，这类用户更注重服务质量，如快递的速度、售后服务等。良好的服务体验对这类用户的购买行为具有较大的影响。

1.2.2　农产品电商平台用户行为的影响因素

除了上述行为模式，农产品电商平台用户的行为还会受到下面几个因素的影响：

1）平台的信誉度

平台的信誉度也是用户行为的重要因素。如果一个平台存在大量质量问题，用户容易怀疑其真实性和可靠性，从而不再购买。因此，电商平台必须采取一系列的措施，如建立信用体系、加强农产品的质量检查等，以此来建立消费者的认可度。

2）营销策略

营销策略的差异也会对用户行为产生影响。一个成功的营销策略可以吸引更多的用户，提升销售额。反之，一个不好的营销策略只会减少用户的购买热情。

3）用户体验

一个优秀的用户体验是吸引和保留用户的重要因素。优秀的用户体验不仅包括网站的设计和功能，还需要优化搜索引擎、商品的分类、对商品的描述与展示等。

1.2.3　未来的发展趋势

未来的农产品电商平台将会面临许多机遇和挑战。首先，随着消费者对健康和有机农产品需求的增加，电商平台将向这些产品的销售方向发展。其次，农产品电商平台也将发展开放平台，通过开放 API 接口，吸引第三方开发者开发基于电商平台技术的应用程序，提高平台的技术水平。第三个发展趋势是生鲜电商平台，配送时间较短，生鲜保证为大卖点。

1.2.4　如何通过数据分析和运营策略优化用户体验

在农产品电商平台中，数据分析和运营策略是不可分割的部分。

一、数据分析

在数据分析方面，电商平台可以通过收集和分析不同用户的购买行为、购买比例、下单频率、购买频率等，了解用户的购买需求和行为，据此增加或减少相应的商品种类和推广广告费用。同时，可以通过收集用户反馈和发起问卷调查，不断优化产品，提高用户体验。农产品电商平台还可以通过数据分析，了解用户对不同品牌的购买率和评价指数，以便调整营销策略，提高品牌知名度和用户信任度。

二、运营策略

在运营策略方面,平台可以采取一些措施,如优惠券、积分激励、赠品促销等,吸引用户,通过优化搜索、商品分类等,提高用户的购买率;另外,针对新上线的商品或者其他类别做一定的现金补贴,促进销售,从而提高平台的注册用户和购买用户量。

总之,农产品电商平台作为一种新型的销售渠道,将会在未来得到进一步的发展和应用。用户行为分析和运营策略的优化将是农产品电商平台成功的重要保障和关键。未来,随着技术的发展,数据分析和人工智能的应用将会提升平台的竞争力,并进一步提高用户体验。

任务 1.3　　分析农产品美工设计要点

任务描述

小影所写的线上销售平台用户分析报告获得了电商设计部门一众前辈的好评,对照调研报告在正式进行美工设计前,还需要了解产品美工设计的一些要素,例如视觉设计风格、构图与布局、色彩与文字等。为了帮助小影制作出符合客户要求的设计方案,老张为小影仔细介绍了美工设计的基础知识。

简单来说,网店美工设计是平面设计行业和电商行业的融合,主要为线上店铺进行视觉设计,是连接网店与消费者的桥梁。在实体店消费者可以直接感知商品质量,而在网店中消费者只能通过图片、文字、视频进行查看,间接了解商品。在拥有海量网店的购物网站中,如何通过视觉设计让网店从众多竞争对手中脱颖而出,吸引消费者下单,是进行视觉设计时需要重点考虑的问题。

网店美工设计如同实体店的装修,漂亮恰当的网店美工设计能够更大限度地提升网店形象,有利于网店品牌的形成,从而更顺利地吸引和留住消费者;合理的规划和精心的设计也会让消费者有更多的信任感,使其产生购买欲望,从而促成更多的交易。

网店美工设计实际上就是通过图形图像处理软件对商品图片进行修饰,利用美学设计理念添加素材和文案并对其进行组合,给人以舒适、直观的视觉感受,让消费者从中了解网店及其商品信息。图1-3是某草莓网店的美工设计页面,精美的图片及用心的设计排版可以让消费者产生强烈的购物欲望。在这一过程中,网店美工就是网店视觉设计的执行者,要完成网店视觉设计工作,网店美工必须掌握相关的基础知识。

图 1-3

1.3.1 网店美工设计概述

一、处理农产品图片及素材

商品图片是网店视觉效果的基础,高品质的商品图片能够为商品增光添彩,吸引并打动消费者。为了让商品图片符合网店设计的要求,美工设计师需要选择合适的图像处理软件对商品进行处理,例如调整图片的大小、色彩、存储格式,进行抠图、合成、修复、优化等操作。图 1-4 是农产品猕猴桃的两张商品图片,左图为商品图片的原始图像,右图则为利用图像处理软件进行了调色、修复等处理的图片,更能展示出农产品的特性与细节。

图 1-4

二、撰写农产品美工设计文案

网店美工设计的最终目的是吸引消费者达成购买交易,这就需要美工设计向消费者传达商品的特征、功能、用途,以及活动内容和提供服务信息。虽然图像与色彩的表达效果直接而强烈,但是却在信息传递上有所不足,这时文案就是最有力的支持。文案设计不但能够清晰、明白地传递信息,还能调动消费者的情绪。如图 1-5 所示,这是一个在重阳节时的农产品文案,从这个文案中传递出了品牌商品的浓浓温情。

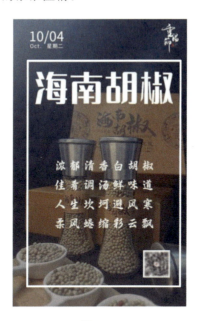

图 1-5

三、设计制作农产品主图

农产品的主图就是农产品的展示图片,是买家对其的第一直观印象和初步印象。主图可以被看为展示商品的第一个窗口,视觉效果优秀的商品主图更容易吸引消费者,从而为商品带来更多的流量,提高商品的竞争力和成交量。在设计农产品主图时,应着重考虑如何突出农产品卖点,即根据农产品的自身特点、竞品情况、目标用户分析及消费者心理等几方面,进行差异化视觉呈现,从而快速吸引消费者注意力。图 1-6 是同一农产品山药的不同主图,左图为商品实拍图,而右图则利用背景、文字等元素进行了排版设计,突出产品特性的同时也赢得了消费者的好感和信任。

图 1-6

四、设计农产品美工图文排版

排版就是将文字、图片等元素在版面调整,使版面布局条理化的过程。一般来说,排版可以让买家更容易地阅读、接受这些提供给他们的资讯。

五、设计农产品线上平台营销详情页

商品详情页主要用于展示单个商品的细节信息。它的精致程度和设计感直接影响买家对商品的认知。商品详情页是整个店铺的亮点和聚集点,一个充满设计感的商品详情页能够刺激买家的消费欲望,促使其快速下订单购买。因此农产品详情页的视觉效果与其转化率直接相关,主要作用是向消费者传达更多的商品信息。为了引导消费者购买商品,网店美工设计与制作商品详情页时,要懂得挖掘消费者对商品的真实需求,给消费者构建一个清晰的商品印象,从而打动买家、刺激购买、提高转换率。

1.3.2 农产品网店美工设计与制作要点

一、当下流行的农产品电商风格

1. 中国风

目前随着国货的流行,中国风的流行趋势也越来越明显,尤其是在一大批优秀设计师将中国风提炼,与现代审美结合之后,年轻一代的消费者也颇为喜欢。此风格年轻且具有活力,常见于食品、珠宝、化妆品店铺。

2. 复古风

复古风主要是通过中国20世纪20年代的风格元素营造出怀旧感,常见的元素有旗袍、洋房、石库门、老爷车等,以及上海滩,可以体现出品牌的历史感和复古的文艺气息,多用于化妆品、服饰店铺。

3. 插画风

插画应用范围广泛,且不受图片素材的约束,可以制造出更加夸张的视觉效果,且色彩可以有更加大胆的表现。同时,插画风格本身也是多变的,因此,适用范围广泛,多见于儿童产品、食品、母婴产品店铺。

4. 拟物写实

拟物写实需要对元素进行精雕细琢,需要精细的细节去吸引眼球,场景立体还原,需要注意透视、光影等,通过场景的搭建来增加店铺受众的代入感和情感共鸣,同时场景需要富有创意。此风格应用范围广泛。

5. 三维场景

三维场景和插画一样,可以自由发挥想象去搭建场景,达到想要的效果,不受素材的影响。

与插画不同的是,三维场景的立体感更强,真实感更强,所以在表现产品质感时,比插画更具优势。其多适用于3C数码、化妆品等品类。

二、网店美工设计的目的与原则

网店美工设计的表象是视觉呈现,核心目的是营销。消费者通过视觉设计了解商品和品牌的同时,有可能达成交易,甚至成为该品牌的忠实客户。网店美工应重视视觉营销,通过视觉效果的打造提升整体导购环境的质量及消费者的感官体验。下面对网店美工应遵循的网店视觉设计原则进行介绍。

1. 注重实用性及功能性

网店的视觉设计应做到主体鲜明突出,一目了然,将商品的信息准确地传达给消费者,促使消费者浏览网店。网店美工在设计网店前,需要有一个明确的思路,即确定一个大框架,在该框架中标明网店主要卖什么商品,这些商品有什么特点,可以选择哪些元素进行设计,网店的风格是什么,这样可以真实地展现商品。

2. 注重审美性及艺术性

立意与主题明确后,页面布局和表现形式等成为网店视觉设计的核心,设计网店页面应做到意新、形美、变化而又统一。设计网店页面并不是随心所欲地在页面中添加图片或其他元素,想要让网店页面和谐、美观,必须遵循以下基本审美与实用原则。

1)色彩搭配协调

先确定主色,主色与商品的属性密不可分。网店美工在选好主色的基础上挑选配色,保证配色都跟主色高度协调,确保同一个页面中的颜色不超过3种(指不超过3种色相,在单个色相中可以通过改变颜色的明度或饱和度来丰富页面色彩)。

2)文字编排合理

字体应与商品的属性、内容相匹配。网店美工应确保同一个页面中的字体不超过3种,字体太多会显得页面杂乱无章;还应合理调整字号、字体颜色和行间距等,将标题放在醒目的位置,让文字与背景区分开,保证内文的易读性,易读性是基本的诉求。

3)布局简洁大方

在设计网店页面的过程中,简洁大方是不变的原则,突出商品的气质尤为重要。网店美工要把握好页面的功能,正确地将点、线、面融入页面,设计出对比明显的页面。

4)商品分类明确

商品分类明确能让消费者快速找到需要的商品。在设计网店页面的过程中,网店美工应将商品按照种类或价格分成不同的类别,让消费者一看分类列表就能找到目标商品,从而提升消费者的购买体验。

5)注重艺术创意

网店的视觉设计除要符合大众审美外,还应添加一些独特的视觉效果。网店美工在考虑网店本身特点的基础上,可以大胆创新,增强页面的趣味性和独创性,让网店更有特色。

3.注重统一性

为了达成网店形象的一致性与一贯性,网店美工应该运用统一的设计思路,用完美的视觉一体化,实现信息的个性化、明晰化、有序化,完成网店在各种形式的传播媒体中的形象统一。

1)行业属性突出

每个行业都有其特定的属性,设计网店页面时,美工一定要了解商品及行业属性,农产品美工设计要清楚农产品的特性,然后在此基础上设计页面。

2)网店风格统一

网店风格决定了消费者最直接的视觉体验,网店定位与网店经营的商品决定了消费群体,因此保证网店整体风格的统一是网店美工设计的重中之重。一些优秀的网店美工会根据品牌和商品的特点来设计网店风格和页面,使网店的首页、商品主图、详情页、分类栏、网店公告等项目都保持统一的风格和形式。

三、农产品美工设计元素

1.构图方式

良好的构图是指各元素通过一定的方式构成一个协调、完整的画面。使用不同的构图方式会给消费者留下不一样的视觉感受。合理安排图片与文字等元素的位置,能够在消费者浏览商品时起到一定的引导作用。因此,对于不同的农产品,运用适当的构图方式十分重要。

1)上下构图

上下构图是最常见的方形构图形式之一,摆放完整的产品或者选取产品的局部进行解构。此构图方式在很多不同类别的店铺中运用,重点突出品牌调性。

2)斜角构图

斜角构图也是方形构图的形式之一,使用斜角构图一般是为了做差异化视觉,"破画面"的形式会让画面看起来灵动不呆板。

3)左右构图

左右构图是比较常见的构图技巧之一,露出完整的产品,然后在左边的文字部分会放精简的优势点,这样更容易表现产品。

4)三角形构图

三角形构图是指以3个视觉中心为主要位置摆放商品,形成一个稳定的三角形的构图方式。

5)S形构图

这种构图一般要采用产品自身造型和文字相结合的方式,一气呵成,很能够吸引人目光。

6)中心构图

中心构图是指在画面中心位置放置元素的构图方式。这种构图方式可以在突出主体商品的同时产生中心透视感,给人醒目、稳定、端庄的感觉。

2. 色彩搭配

色彩是一种视觉冲击力很强的元素,好的色彩搭配可以给消费者留下深刻的第一印象。

1)色彩的三要素

一切色彩都具有三大属性——色相、明度、纯度。在色彩学上也称之为色彩的三要素。熟悉和掌握色彩的三要素,对于认识色彩和表现色彩极为重要。三要素的任何一要素改变都将影响原色彩的面貌。它可用色相明度/纯度的表色记号表示,例如红 5/6,即为中明度、中纯度的红咖啡色。

色相是色彩的最大特征,是色彩的相貌,即色彩的名字,如红、橙、黄、绿、青、蓝、紫等。常见的色相环有 12 色、20 色、24 色、40 色等。图 4-7 是 RGB 和 CMYK 的色相环,以及冷暖色的分布。

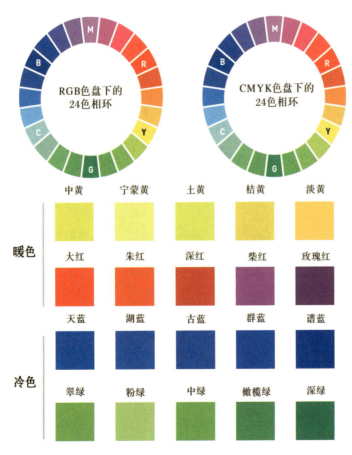

图 1-7

纯度指色彩的纯净程度和饱和程度,又称彩度、饱和度、鲜艳度、含灰度等。原色的纯度最高。当一种色彩加入黑、白或其他颜色时,纯度就产生变化。加入其他色越多,纯度越低。图1-8是一些常见色相的纯度表。

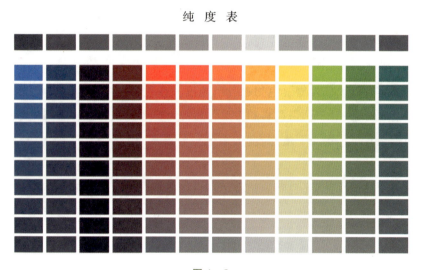

图 1-8

明度指色彩的明暗、深浅程度,也称光度。色彩的明度有两种情况:一是同一种色相的明度,因光源的强弱会产生不同的变化。而同一色相如果加上不同比例的黑色或白色混合后,明度也会产生变化。二是各种不同色相之间的明度不同,每一种纯色都有与其相对的明度。在色彩中常以黑白之间的差别作为参考依据。孟赛尔(Munsell)色系采用11级,黑色为0级,白色为11级。黄色明度最高,蓝紫色明度最低,红、绿色的明度中等。色彩的明度变化会导致纯度的降低,某一种纯色加白提高明度,加黑降低明度,二者都将引起该色相的纯度降低。

简单来说,明度越低越接近黑色,明度越高越接近白色,可以理解为明度越高,加入的白色越多。图1-9是色彩三要素的示意图。

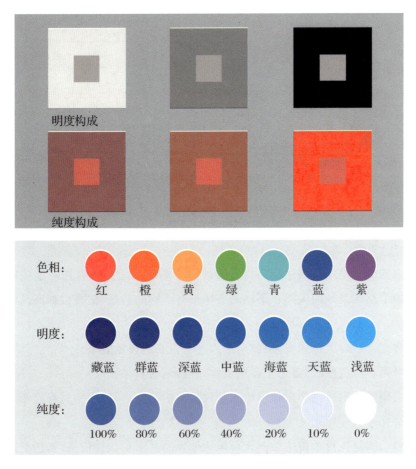

图 1-9

2）色彩的对比

色相对比是色彩对比中最简单的一种，是指将不同颜色进行并置，因色相之间的差异而形成对比，它使色彩的特征更加明确。任何一个色相都可作为主色相，与其他色相构成各种对比关系。色相对比可分为同类色对比、类似色对比、邻近色对比、对比色对比、互补色对比。图1-10是色相环上的色彩对比示意图。

明度对比是指色彩明暗程度的对比，是将不同明度的两种或两种以上的色彩放在一起所呈现的效果，明度差别越大则对比越强、刺激越强，反之则越弱。明度对比分两种情况：一种是指同一色相不同明度的对比；另一种是指不同色相同明度的对比。

纯度对比是指因纯度差别而形成的对比，分两种情形：一种是单一色相之间的纯度对比；另一种是不同色相之间的纯度对比。单一色相的纯度对比是指该色彩与掺有等明度灰的该色之间的对比，也就是说是在明度相等的情况下所做的纯度对比。

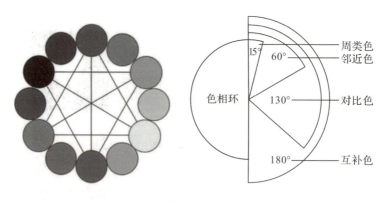

图 1-10

3. 字体选择

视觉语言中的文字是用来表达商品卖点的最具体形象的工具。有技巧地应用文字排版在一定程度上增加了视觉设计的美感。不同的字体具有不同的特征,需要根据商品的特征选择对应的字体。

(1)宋体:客观、雅致,大标宋古风犹存,给人古色古香的视觉效果。

(2)黑体:时尚、厚重、抢眼,多用于标题制作,有强调的效果。

(3)仿宋体:印刷品中使用仿宋体字给人某种权威的感觉,一般用于观点提示的阐述等。

1)文字要讲究可读性原则

文字的主要功能是在视觉传达中向大众传达作者的意图和各种信息,要达到这一目的必须考虑文字的整体诉求效果,给人清晰的视觉印象。因此设计中的文字应避免繁杂零乱,使人易认、易懂,切忌为了设计而设计。

2)文字要讲究个性原则

一般来说,字体的个性大约可以分为以下几种:

端庄秀丽,字体优美清新、格调高雅、华丽高贵。

坚固挺拔,字体富有力度、简洁爽朗、现代感强,有很强的视觉冲击力。

深沉厚重,字体规整、具有重量感、庄严雄伟、不可动摇。

欢快轻盈,字体生动活泼、跳跃明快,节奏感和韵律感都很强,给人一种生机盎然的感觉。

苍劲古朴,字体朴素无华、饱含古韵。

新颖独特,字体造型奇妙、不同一般,个性非常突出,给人的印象独特而新颖。

字体的设计要服从于整体的风格特征,不能和整体风格特征相脱离,更不能相冲突,否则就会破坏整体效果。

3)文字要讲究美观性原则。

在视觉传达的过程中,文字作为画面的形象要素之一,具有传达感情的功能,因而它必须具有视觉上的美感,能够给人以美的感受。字型设计良好、组合巧妙的文字能使人感到愉快,给人留下美好的印象,从而获得良好的心理反应。

思政小课堂

蔡元培认为,美育的目的在于陶冶人的感情,认识美丑,培养高尚的兴趣、积极进取的人生态度。美的事物对人有一种天生的吸引力,任何一个想要学好网店视觉设计的人,都必须具备一定的审美素养。为了提高审美素养,我们可以自学一些美术知识,掌握一些构图技巧,多看优秀的设计作品,从而提升自身的设计能力。

项目 2　处理农产品图片和素材

岗前培训结束后，小影以优异的成绩通过了实习考核，顺利转正，成为一名美工设计师，负责电商设计部农产品营销的日常设计工作。但由于公司的客户较多，收到的农产品图片类型也多种多样，并且这其中的很多图片尺寸或者格式并不符合电商平台的要求。同时，收到的图片色调与商品本身也有差异，还有瑕疵和水印等问题，因此小影需要处理农产品图片中的问题，为下一步出图、详情页的设计提供优质素材。

项目目标

- 了解农产品图片卖点的表现形式；
- 掌握农产品图片处理工具和方法；
- 掌握精修农产品图片的方法；
- 提升审美能力和艺术素养；
- 培养精益求精的工作态度。

处理农产品图片之前，首先需要分析农产品的特色卖点，通过图、文等内容把特色卖点展现出来。针对用户需求和农产品的核心特色处理图片，这样对于消费者来说，在浏览商品时，能够一目了然，在短时间内获取信息，达成交易。常用的专业图像处理软件是 Adobe Photoshop，这也是网店美工必备的基本软件之一。

Adobe Photoshop 是 Adobe 公司推出的一款图像处理软件，是目前最流行的图像处理软件之一。Adobe Photoshop 有很多强大的功能，可以处理各种图像、图片和文本，支持格式广泛，可以自由编辑、改变、优化照片，还可以设计各种图形和图标，有助于设计者创建出更加完美的图像和效果。同时，Adobe Photoshop 可以轻松实现图像的改变、调整、编辑等多种功能，比如模糊、变色、消光等，从而让图像变得更完美、更有趣。

思政小课堂

为了规范管理网店和商品，为消费者带来良好的浏览体验，主流电商平台对网店视觉设计的内容制订了一系列规定，网店美工在进行网店视觉设计前，应先了解电商平台的相关规定和与广告相关的法律法规，避免在网店视觉设计与制作中出现版权和敏感问题，应增强职业道德与素养。

任务 2.1 分析农产品图片卖点展现形式

任务描述

老张告诉小影,在为电商处理农产品图片时,图片一定要能展现出自身的产品特征。同样的农产品,有的人卖断货,有的人十件都卖不了,这是什么原因呢?市场因素错综复杂,其中就有不懂农产品卖点挖掘的原因,不懂这个问题就有导致农产品滞销的风险。经验丰富的美工设计师可以用视觉设计强化产品亮点,增强买家对商品的印象。老张为小影讲解了农产品卖点可以从哪些方面入手,并且如何很好地在图片中展现出引人注目的卖点。

2.1.1 农产品卖点挖掘

2018 年广西田阳的西红柿遭遇"30 年不遇"的超低行情,大量的西红柿被倒进江中,令人惋惜;广东江门良西镇的 5000 亩土豆丰收后,1500 多亩的土豆也遭遇滞销。而与此同时,一些农产品走俏市场,甚至卖出超过市场价好多倍的价格,这其中的缘由需要电商及产品的营销者深入研究。为了避免这种情况的出现,美工设计者需要了解农产品的产品特征,进而根据产品特征挖掘卖点,再利用视觉设计强化、突出卖点。

一、营养价值

首先,从农产品自身亮点出发。好的农产品无论是源产地,还是加工地都是经过严格筛选的。现下很多用户在选购农产品时,非常注重其营养价值。在农产品图片处理时,可以针对原材料的产地、相关的产地优势,以及加工产地的优势进行一个短小而精悍的说明,让用户可以清楚地了解到农产品生产制造过程中的"真才实学",突出产品特征,从而对农产品的口感、质量产生信任,从而诱发用户自主进行购买。

针对产品特征,我们可以从下面七个方面出发,寻找农产品身上的特质。

1. 产地

产地这个农产品特征在众多农产品上都有体现,首先它是属于给农产品加持地域性的一种标志,比如说产自福建东山县的农产品,产地来源上面可以加上"国家级生态县",因为东山县被授予国家生态县称号。如图 2-1 所示的来自东山县的芦笋茶,在农产品的包装设计中突出了国家生态县的卖点,能够给用户树立一种生态、自然的形象,无形中打造了产品的卖点。若没有特殊产地的身份,可以试着从河流、湖泊、高山等产地特征来塑造卖点,比如说,黄洛渭流水、珠江入海口、黄河三角洲等,也可以引用与产地相关的经典古诗。

图 2-1

2. 环境

环境指的就是农产品的生长环境,如光照、降水、空气等级、湿度等环境指标,不同的农产品对于这些环境因素的要求也不尽相同,比如说哈密瓜,大家都知道新疆的哈密瓜好,因为新疆光照强度好,并且昼夜温差较大,有助于哈密瓜糖分的形成与积累。所以新疆的哈密瓜在国内是最好的,这个卖点就是地域环境的卖点,如图 2-2 所示。

图 2-2

国内有很多来自不同地域的优质农特产品。如果能通过产地、环境追溯来满足用户对农产品的诉求,那么环境卖点就能充分发挥价值。

3. 口感

农产品在适宜的环境中,会表现出比同类农产品更好的特性,如充足的光照,让新疆哈密瓜的口感更甜。如图 2-3 所示的牛奶大青枣,就通过营销口感的卖点赢得客户的信赖。

图 2-3

4. 外观

外观特性也是如此,有的农产品可能个头大、分量足,营养也充分,外观精致漂亮,也可以挖掘卖点。如果再通过适当的包装,增加产品的附加值,更能让农产品销售得更好。

5. 赠品

赠品偏向于营销层面,通过赠品让客户感觉购买的农产品有超乎想象的价值。比如说一个客户买了一箱雪梨,可以赠送他一袋冰糖,并附赠冰糖雪梨的做法,告诉客户怎么吃更有利于健康。这样可以提高客户的满意度。

6. 口碑

口碑就是一种展现价值的形式,比如说客户的付款记录、客户的好评、客户试吃的照片。这些客户的反馈都能够打造农产品品牌的口碑,能够让用户产生从众心理,从而购买相应的农产品。而口碑也是一个积累的过程,平时要多注意积累客户的口碑。

7. 权威

权威性是证明自己农产品质量的有力武器,比如说政府颁发的农产品企业荣誉证书,农产品的检测报告、质检认证证书,这些证书是农产品被权威平台认可的证明,如果有这些证书一定要在农产品包装、产品详情中体现出来。

二、优质服务

其次,凸显经销商优质的服务。对于农产品的售卖,无论是实体店还是网店,都应该向受众展示出经销商的服务质量。无论是从安全保障的包装方面,还是从卫生安全保证方面,都应该把这些服务体现出来,从而提升买家对于农产品的好感度(图2-4)。

图 2-4

2.1.2 农产品卖点展示形式

前些年,一提起农产品,很多人第一反应就会想到土气,如今情况大不同了,从农产品的种植和加工,到农业品牌的设计和推广,产业趋向文创化。文化创意已经成为现代农业的核心动力,文创的融入让农业摆脱了陈旧古板,通过情感诉求,农业产品变得时尚、生动、有趣。精美的视觉效果是美工设计必不可少的一个要素,也是农产品卖点展示的最好形式。总的来说,突出加强农产品的卖点可以通过以下几种方式实现。

1. 元素强化对比

首先农产品平台网页首屏中的文字必须具备可读性才行,所以需要确认文字与背景之间的色彩搭配能让用户看得清楚。选择一个暗色调的背景,就需要使用白色或者浅色的文字,而当背景比较素雅的时候,文字可以使用深色,这就是强化对比。当然,对比不仅限于色彩,文字同样存在对比。文字与图像相互配合，才能达到出人意料的效果。

如图2-5所示，不同的农产品搭配了不同的元素及色彩，强化了元素之间的对比，达到了突出商品的视觉效果。

图2-5

2.令文字成为图片的一部分

有的时候美工设计需要让文字成为图片的一部分，甚至让文字成为图像本身来达到效果。当然这种处理方式所需的条件比较苛刻。要么使用足够清爽简单的图片来和文字进行搭配，或者使用原本就包含图片的文字。

3.沿着视觉流向排布

沿着视觉流向来排布信息是一项重要的技巧。文字与图片发生逻辑关系，两者相辅相承，所以文字不能覆盖到图片的主体部分——比如需要展示的人物，或者产品本身。信息按照视觉流向排布的时候，图片中的主体会引导顾客去观看文字信息。如图2-6所示的这两个案例都使用了这种技巧，文字排版都是沿着视觉的指向排布的，从上到下分布着文字内容。

项目2 处理农产品图片和素材

图 2-6

4. 虚化背景

虚化背景是一种非常简单的处理手法。Photoshop 可以很轻易地虚化照片,虚化照片的效果就是让产品本身更加突出。如图 2-7 所示,采用了虚化的效果,弱化了背景的种植场景的同时,使主体玉米更加突出;另两张都使用了类似的虚化方式来突出产品主体。

图 2-7

5. 将文字置于框中

当照片中光影交叠,色彩丰富的时候,将文字置于框中是个不错的选择,如图 2-8 所示。根据文字和图片的形态选择圆框或者方框,然后设置好色彩,确保对比度。适当地调整透明度,让框、文字和图片完美地融合到一起。

图 2-8

6. 将文字置于背景中

比起置于前景的文字,将文字融入背景是一种很好的表现形式,如图 2-9 所示。文字常常易于融入纯色背景,还能确保可读性。不需要太复杂的技巧和改动,就可以让文字自然地融入背景,仅仅需要添加微妙的阴影效果。

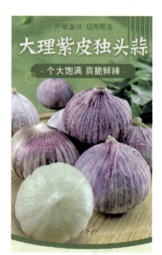

图 2-9

7. 放大

在美工设计师处理素材的时候,可以尝试将元素进行放大处理。这种方法不仅仅针对图片,还适用于文字的处理,放大的元素更容易吸引用户的注意力,放大的文字则更具冲击力。如图 2-10 所示,将玉米的局部放大,可以看到颗颗饱满的果粒,让人不禁想到"一口下去,嘴里爆汁"的感觉;将画面中的走地鸡形象放大并突出它的品种,具有极强的冲击力,一眼就能吸引到消费者的目光。

图 2-10

任务 2.2　收集农产品美工设计素材

任务描述

小影在正式进行农产品美工设计前,需要先从客户处及网上获取农产品的图片素材和大量的设计素材,并对这些设计素材进行分类整理,以便于满足后期的美工设计需求。

2.2.1　设计素材的概念和内容

设计素材是指在设计过程中所使用的各种材料、样式、元素等,包括文字、图片、图表、颜色、形状等。在农产品美工设计中同样包括这些内容,设计素材的选择和运用对于设计作品的效果和质量至关重要。

一、文字素材

首先,文字素材是设计中重要的一部分。农产品设计中的文字素材主要包括农产品的基本信息、产地信息、生产特点、品种信息、营养价值、卖点特征等。文字应根据设计的主题和目的选择恰当的字体、字号和排版方式。如果主题是庄重严肃的,可以选择一种有力、稳重的字体,字号要适中,排版要整齐、居中。如果主题是活泼欢快的,可以选择一种轻快、活泼的字体,字号可以适度放大,排版可以多样化,增加趣味性。

二、图片素材

图片素材是设计中不可或缺的一部分。农产品设计中的图片一般包括产品的实拍图(如产地图片、采摘图片、细节图片等),以及网络上下载的符合设计风格的背景素材、装饰素材和其他素材等(图2-11)。应根据主题和目的选择相关的图片,或者通过二次加工的方式来使用图片,使其与设计主题的内容相契合。图片要清晰、符合海报的风格和色调,并能够吸引客户的注意力。

图 2-11

三、颜色素材

颜色素材是设计中十分关键的一部分。颜色的选择和搭配能够直接影响海报的视觉效果和情绪表达。在选择颜色时,要考虑到设计的主题和目的,选择合适的主色调和辅助色彩。一般来说,冷色调可以营造出冷静、庄重的氛围,适用于宣传活动和展览;而暖色调可以营造出热闹、活泼的氛围,适用于娱乐活动和促销。

四、形状素材

形状素材也是设计的一种辅助元素。通过合理运用各种形状,可以增加设计的层次感和艺术感。形状可以用来制作边框、装饰等,使得海报更加丰富多样,有趣易记(图2-12)。

图 2-12

总之，素材的选择和运用需要考虑设计的主题和目的，根据需求选取合适的文字、图片、颜色和形状等，使得设计作品更具视觉冲击力和吸引力。同时，在运用素材的过程中要注意素材的质量和选择的合理性，以保证设计作品的效果和质量。

2.2.2 图像素材的分类获取

图像素材是美工设计作品中常见的元素。在网上可以找到各种类型的图像素材，常见的分类有以下几种。

一、免费素材库

免费素材库是许多设计师和创作人员常用的资源，这些库中包含了大量的图像素材供用户免费使用。一些知名的免费素材库有 Pixabay、Unsplash 和 Pexels 等，用户可以在这些网站上搜索高质量的图像素材。

二、版权图片网站

除了免费素材库外，还有一些商业化的版权图片网站可以提供更专业和多样化的图像素材。这些网站通常需要用户付费购买版权，但它们提供更高的分辨率和更广泛的选择。一些常见的版权图片网站有昵图网、花瓣网和千图网等。

三、自行制作

除了从外部获取图像素材外，设计师和创作人员还可以自行制作图像素材。例如，拍摄或绘制自己需要的图像素材。这种方式不仅可以满足个性化需求，还能进一步提升作品的独特性和创意。

2.2.3 设计素材的分类与整理

对于美工设计师来说，素材既是灵感库也是资源库，是很多美工设计师常年积累下来的宝库，但是如果没有妥善整理，导致分类没有逻辑，查找筛选时就会出现很多纰漏，效率低下不说，还常常找不到。因此，优秀的美工设计师需要对所收集的设计素材进行分类与整理。总的来说，设计素材分类可以更好地管理和利用这些素材。可以根据自己的实际情况和需要，选择不同的分类方法。同时，需要保持分类的系统性和整洁性，避免重复或者遗漏。这里以农产品网店美工设计师为例，可按照如下几种方式对素材进行分类，便于后续进行设计工作。

(1) 按照用途分类：可以根据设计素材的用途进行分类，以网店美工设计师为例，可以将收集的素材分类成 Banner 图设计、主图设计、详情页设计等，这样在设计的过程中可以更方便地找到所需要的素材。

(2) 按照主题分类：可以根据农产品素材的主题进行分类，比如水果类、粮食类、干货类等。这样可以更方便地找到所需要的素材，并且可以在设计时更好地匹配主题。

(3)按照风格分类:可以根据设计素材的风格进行分类,比如简约风格、复古风格、插画风格等。这样可以更方便地找到所需要的素材,并且可以帮助美工设计师在设计时更好地匹配风格。

(4)按照文件类型分类:可以根据设计素材的文件类型进行分类,比如 PSD 文件、AI 文件、EPS 文件等。这样可以更方便地找到所需要的素材,并且可以在不同的软件中更好地使用这些素材。

(5)按照日期分类:可以根据设计素材的创建日期进行分类,比如按照月份或者年份进行分类。这样可以更好地了解自己的设计素材库,并且可以更好地管理和利用这些素材。

任务 2.3　掌握农产品图片处理工具和方法

任务描述

小影从客户处及网上获取了农产品的图片素材,大致浏览后发现这些图片类型很丰富,但是存在大小不合适、偏色、格式不正确等问题,因此需要利用专业图像处理软件 Photoshop 对其进行美化处理。

知识扩充

像素(pixel,简称 px)是构成数字图像的最小信息单位。通常是方形或圆形,多个像素通过在二维网格中有序排列构成图像。人的眼睛可以很轻易地"破译"正常大小的图像内容,一般情况下不会注意到像素的存在,但将一张图片放大到一定程度后,就可以清楚看到组成图片的一个个像素。一张 1920×1080 像素的图片,在图片编辑器中框选出一部分图片,将框选出来的部分放大 1600 倍,可以清楚地看到像素的排列,如图 2-13 所示。

图 2-13

可以看到，每个像素都有不同的颜色和色调，当它们组合在一起时，就创建了高清的复合图像，这张图片为 1920×1080 像素，也就是由 2 073 600 个像素组成的。这些像素经过显示器的处理，使一张图像变得完整可见并且颜色正确。

像素又是由什么组成的呢？单个像素由不同颜色的子像素组成，这些子像素可以具有不同的形状和颜色。子像素的大小远低于 0.1 毫米。单个像素的输出颜色是三个子像素颜色值的组合，子像素通过红、黄、蓝三种颜色（即 RGB 颜色模型）混合得到单个像素的颜色，可以得到大约 1670 万种颜色（256^3）。

像素与分辨率的关系

分辨率，又称解析度，可以细分为显示分辨率、图像分辨率、打印分辨率和扫描分辨率等。它决定了图像的精细程度，通常表示成每英寸像素（pixel per inch, ppi）和每英寸点（dot per inch, dpi），从技术角度说，"像素"（p）只存在于计算机显示领域，而"点"（d）只出现于打印或印刷领域。

我们都知道线是由无数个点组成的，而面又是由无数条线组成的，即一个平面是由无数个点组成的，但一幅图像由无数个点来组成显然不现实，只能在有限的长和宽上由有限的点组成，可以把这些有限的点想象成像素。每一个长度方向上的像素个数乘每一个宽度方向上的像素个数的表现形式，就叫做图像的分辨率。

如图 2-14 所示，这是一张分辨率为 640×480 的图片，表示这张图片在每一个长度方向上都有 640 个像素点，而在每一个宽度方向上都 480 个像素点，总数就是 640×480＝307 200（像素），也就可以说这是一张 30 万像素的图片。

图 2-14

像素大小和图像质量的关系

图像的分辨率决定了图像细节的精细程度,通常情况下,分辨率越高包含的像素就越多,图像就越清晰,图片质量也就越高。早期,显示器只有经典显像管和640×480(VGA)分辨率的设备,在这样的情况下,即使有一张300万像素的图片,全屏显示下图片分辨率也只有640×480。当然,现在的8K显示器具有8192×4320像素,已经能够满足绝大多数图片的显示需求。因此,像素和分辨率并不是越高越好,多少像素"足够"取决于要将图片用做什么,美工设计时需要针对不同的设计需求选择合适的图片大小。

2.3.1 认识图像处理软件 Photoshop

Photoshop 是网店美工用于美化商品图片和进行装修设计的必备软件。启动 Photoshop 软件后,任意打开一个图像文件,即可看到 Photoshop 的工作界面。工作界面分为工具箱、标题栏、菜单栏、文件窗口、工具选项栏、面板和状态栏等区域,如图 2-15 所示。网店美工熟悉这些区域的结构和基本功能,可以提高操作效率。

图 2-15

一、菜单栏与标题栏

Photoshop 的菜单栏包含 11 个菜单,基本整合了 Photoshop 中的所有命令。网店美工通过这些菜单中的命令,可以轻松完成文件的创建和保存、图像大小修改、图像颜色调整等操作。单击某个菜单按钮,即可打开相应的菜单;每个下拉菜单中都包含多个命令,部分菜单的右侧带有黑色小三角标记,它表示这是一个菜单组,其中隐藏了多个子菜单,单击各个命令即可执行此命令。

标题栏显示文件名称、文件格式、窗口缩放比例和颜色模式等信息。如果文件中包含多个图层,则标题栏还会显示当前选中的图层名称。打开多个图像时,文件窗口中只会显示当前图像;单击标题栏中的相应标题即可显示相应图像。

二、工具箱与工具选项栏

Photoshop的工具箱包含用于创建和编辑图形、图像、图稿的多种工具。默认状态下,工具箱在文件窗口左侧。

单击工具箱中的工具按钮即可选择该工具,如图2-16所示;部分工具按钮的右下角带有黑色小三角标记,它表示这是一个工具组,其中隐藏了多个子工具,在带有黑色小三角标记的工具按钮上单击即可查看子工具,将鼠标指针移动到某子工具上并单击,即可选择该工具。

图2-16

使用工具进行图像处理时,工具选项栏会出现当前所用工具的相应选项,它的内容会随着所选工具的不同而不同,用户可以根据自己的需要在其中设置相应的参数。

三、面板与状态栏

面板主要用来配合图像的编辑、对操作进行控制,以及设置参数等。Photoshop 中共有 20 多个面板,在菜单栏的"窗口"菜单中可以选择需要的面板并将其打开,也可将不需要的面板关闭,如图 2-17 所示。

网店美工常用的面板有"图层"面板、"字符"面板、"通道"面板、"路径"面板、"调整"面板等。默认情况下,面板以选项卡的形式出现,并位于文件窗口右侧。网店美工可以根据需要打开、关闭面板,也可以根据需要自由组合、分离面板。

状态栏位于 Photoshop 工作界面的底部,可以显示当前文件大小、文件尺寸、计时、当前工具、存储进度、图层计数等信息。单击状态栏按钮,在弹出的下拉列表中选择相应命令,可以设置状态栏中显示的内容。

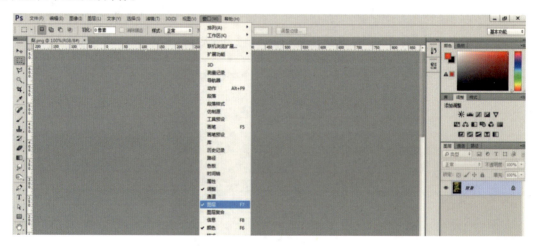

图 2-17

2.3.2 调整图片大小

网店美工设计与制作中对于相关的图片有固定的尺寸要求,美工设计师需要按照要求调整图像大小。小影从客户处收到农产品的图片,发现其中有一些图片尺寸过大,不符合实际需求,因此需要调整图片的大小。

一、常见电商所需图片要求

作为一名美工设计师,需要了解不同平台对于图片的要求,这样才能更好地为设计提供优质图片素材。不同平台及网店的不同模块对图片尺寸的要求各不相同,首页、主图、详情页等图片一般都有固定的尺寸或者格式要求,了解这些要求是图片处理的前提。表 2-1 是常见电商的图片类型、尺寸和格式要求。

表 2 - 1

平台	图片类型	支持图片格式
淘宝	海报:1920×600px 店招:950×150px 专区/促销图:950×300/400px 单页面:宽 950px,高不限 主图:800×800px 详情页:宽 750px,高不限 关联促销:750×300/400px 公共模块:750×200/300px 左侧栏:200px,高不限 直通车图:800×800px 小轮播图:750×(100～600)px 店铺固定背景:1920×1080px	JPG/PNG/GIF
京东	详情:990px,高不限 px（可以做 750px 和 790px） 轮播海报:1920px,高不限 主图:800×800px 以上 PC 首页:1920px,高不限 PC 端店招:1920×150px 手机端首页:640×85/170/255px 手机端店招:640×200px 活动报名页面需要另外装修:尺寸优先选择 990px	JPG/PNG/GIF
天猫	店招:990×150px 全屏:1920×150px 海报:1920×600px 专区/促销图:900×300/400px 单页面:990px,高不限 主图:800×800px 详情页:790px,高不限 首页轮播图:1920×550/600px 关联促销:790×300/400px 公共模块:790×200/300px 左侧栏:最宽 190px,高不限	JPG/PNG/GIF
拼多多	主图:740×352px 轮播图:尺寸等宽高不低于 480px(最多 10 张) 详情页:宽 480～1200px,高 0～1500px,最多 20 张	JPG/PNG/GIF

续表

平台	图片类型	支持图片格式
阿里巴巴	首页：1920px，高不限 px 海报：1920px，高不限（建议 600～1000px） 主图：800×800px LOGO ：300×200px 店招：1920×200px 详情：750px，高不限 px	JPG/PNG/GIF

二、按照规定比例裁剪图片

在需要处理的图片中，小影发现一张农产品的图片色彩与构图十分美观，适合作为淘宝商品主图，但是该图片的长宽比不符合主图的要求，于是，小影需要用 Photoshop 中的"裁剪工具"按照 1∶1 的比例裁剪该图片。

步骤 1：启动 Photoshop，在欢迎界面中单击"打开"按钮，在弹出"打开"对话框中，选择"梨.jpg"素材（配套资源：素材/项目二/梨.jpg），如图 2－18 所示，单击打开按钮。

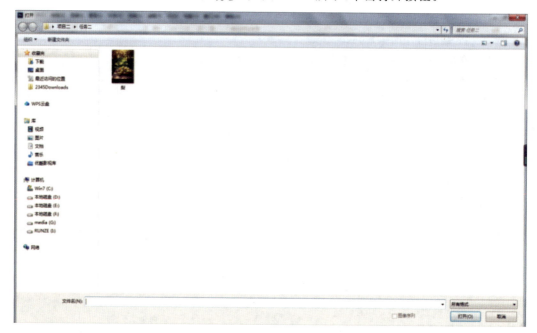

图 2－18

步骤 2：在图像编辑区查看打开的图片，如图 2－19 所示。

项目2 处理农产品图片和素材 37

图 2-19

步骤3：在界面左侧的工具栏中选择"裁剪工具"，在工具属性栏的"裁剪方式"下拉列表中选择"1∶1（方形）"，如图2-20所示。

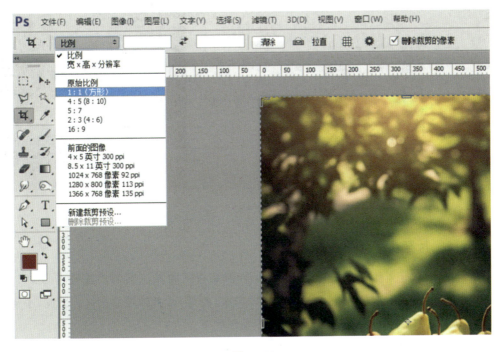

图 2-20

步骤4：此时，图像编辑区将显示裁剪位置，将鼠标指针移动到需要保留的图片区域边缘，按住鼠标左键不放，并向上拖拽鼠标，调整需要保留的图片区域，如图2-21所示。

图 2-21

步骤5：按【Enter】键完成裁剪，效果如图2-22所示。

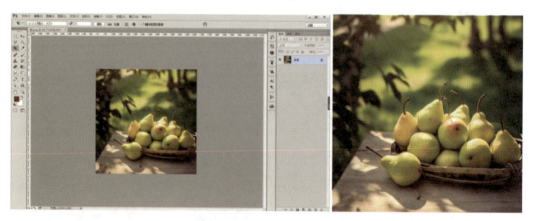

图 2-22

三、调整图片至合适大小

虽然此时水果梨图片的比例已经符合了要求，但是淘宝商品主图的尺寸要求为800×800像素，且网店美工设计中图像的分辨率一般为72像素/英寸，两者的尺寸不符。因此，小影准备应用"图像大小"命令调整图片至合适大小，具体操作如下。

步骤1：选择"图像/图像大小"命令或者使用快捷键【Alt＋Ctrl＋I】组合键，打开"图像大小"对话框（图2-23）。

项目2　处理农产品图片和素材　　39

图 2-23

步骤2：在"分辨率"数值框右侧的下拉列表中选择"像素/英寸"选项，在"分辨率"数值框中输入"72"，重新在"宽度""高度"数值框中输入"800"，如图2-24所示。

图 2-24

步骤3：单击【确定】按钮确认设置，按【Ctrl+S】组合键保存文件。

2.3.3　农产品图片色彩调节

一般情况下，商品图片在拍摄后需要调色，因为光线、拍摄角度、背景等可能导致拍摄的商品无法展示出商品的真实色彩。为了还原商品的真实颜色，网店美工应具备调整图片色彩的技能。因此,调整完图片的大小尺寸后,小影还需要按照图片的调色原则,调整商品图片的色彩,还原商品的真实效果,使图片更加美观。

一、图片调色的原则

为了使图片满足网站视觉设计与制作的需要,网店美工在为图片调色时,需要遵循以下三个调色原则。

1. 遵循感情色彩调色原则

不同的色彩可以表达不同的感情。红色是最强有力的色彩,象征着生命和激情。红色会使人产生活泼、生动的感觉,它饱含着力量、热情,它会刺激和兴奋神经系统,增加肾上腺素分泌和增强血液循环。但接触过多,会产生焦虑和身体受压的情绪,使易于疲劳者感到筋疲力尽。当一个人心情抑郁时,看到红色会立刻改变心情状态。红色不适合易愤怒或过度活跃的人。

蓝色,是海洋色、天空色、冷静、理智、透明、广博,并具有很强的稳定性,是一种内敛、收缩的色彩。

橙色具有富丽、炫耀、炙热的感情意味,橙色像太阳光,使人愉悦、产生活力、诱发食欲,让人觉得精神饱满。它具有开拓思路、增加活力、振奋情绪、刺激新陈代谢的效能。令人感到温暖、活泼和热烈,能启发人的思维,可有效地激发人的情绪和促进消化功能。

黄色是色彩中最亮的颜色,也是最令人愉快的颜色,具有轻盈明快、生机勃勃、温暖、愉悦等特征,同时它还具有增进食欲、提神的效果,可刺激神经系统、改善大脑功能、激发智能、刺激思维、提高集中力,常为积极向上的光明象征。它也常用作警示色,不适合失眠的人。

绿色是大自然色,是一种令人感到稳重和舒适的色彩,具有镇定神经系统、平衡血压、增进和谐的作用。从心理上,绿色令人感到平静、松弛。绿色可以降低眼内压力、减轻视觉疲劳、安定情绪、减轻心脏负担、降低血压、改善肌肉运动能力等,对晕厥、疲劳、恶心与消极情绪有一定的作用。

图2-25为茶叶图片调色前后的对比效果,左边为原始的茶叶图片,拍摄实物的环境较暗,没有突出绿色茶叶的清新淡雅,右图增强的了整体的亮度和对比度,并添加了绿色调,这样的调整既遵循了感情调色原则,又看上去生机盎然。

2. 遵循整体色调自然原则

整体色调自然一般是指图片中色彩的调配和浓淡程度都合适,图片色彩与商品呼应,单张图片的色彩和整体页面的色彩搭配和谐。

图 2-25

3. 遵循色彩不失真原则

为商品图片调色可以优化图片效果,达到吸引消费者的目的,从而实现商品的推广。在调整商品图片的色彩时,要把握好度,保证图片既有美感,又不失真。

二、偏色商品图片调节

图片偏色问题十分常见,如在阴天拍摄的图片会偏淡蓝色,在室内钨丝灯照射下拍摄的图片会偏黄色,底片本身也可能导致图片偏色。通过减小偏色的比例,或增加该偏色的互补色,可以将偏色图片调整至正常状态,常见的互补色有红色与青色、洋红色与绿色、蓝色与黄色。调整偏色的商品图片可以恢复商品本身的颜色,减小图片与商品真实颜色的差异。为避免引起消费者的质疑,针对西红柿农产品图片的偏色问题,小影准备使用"色彩平衡""色相/饱和度""可选颜色"等命令进行调整。

步骤1:打开"西红柿.jpg"素材(配套资源:\素材\项目二\西红柿.jpg),如图2-26所示,可发现图片整体色调偏青色,其中,西红柿偏黄色。

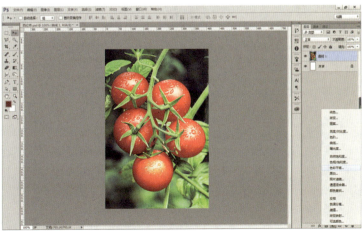

图 2-26

步骤2：在"图层"面板底部单击"创建新的填充或调整图层"按钮。在打开的菜单中选择"色彩平衡"命令，打开"色彩平衡"属性面板，在"色调"下拉列表中选择"中间调"选项，参数设置如图2-27所示，减小中间调中黄色的比例。

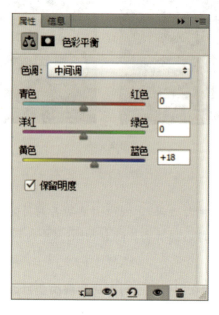

图2-27

步骤3：在"色调"下拉列表中选择"高光"选项，参数设置如图2-28所示，减小高光中黄色和青色的比例，以校正偏青色的现象。

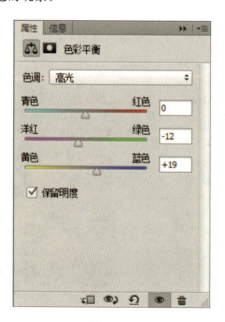

图2-28

步骤4：在"色调"下拉列表中选择"阴影"选项，参数设置如图2-29所示。

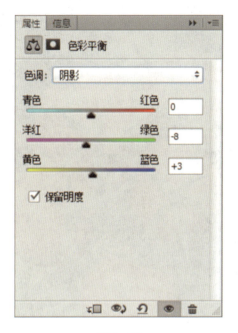

图2-29

步骤5：在"图层"面板底部单击"创建新的填充或调整图层"按钮，在打开的菜单中选择"曲线"命令，打开"曲线"属性面板，在曲线中单击插入控制点，曲线调整如图2-30所示，增加图片亮度，使不同颜色之间的过渡更加自然，让西红柿看起来更加新鲜。

图2-30

步骤6：按【Ctrl+S】组合键保存文件（配套资源：\效果\项目二\西红柿.psd），最终效果如图2-31所示。

图 2-31

三、曝光不足商品图片调节

图片曝光不足大多是因为拍摄照片时亮度不足,所以在校正曝光不足的图片时需要解决亮度问题。小影发现了一张曝光不足的青椒图片,需要用"亮度/对比度""曲线""色阶"等命令进行调整。

步骤1:打开"青椒.jpg"素材(配套资源:\效果\项目二\青椒.psd),如图 2-32 所示,发现图片整体色调偏暗,没有达到实际场景的亮度,同时暗部的细节较少。

项目2 处理农产品图片和素材 45

图 2-32

步骤2：在"图层"面板底部单击"创建新的填充或调整图层"按钮 ◐，在打开的菜单中选择"曲线"命令，打开"曲线"属性面板，在曲线中单击插入控制点，然后向上拖拽该控制点，如图 2-33 所示。

图 2-33

步骤3：在"图层"面板底部单击"创建新的填充或调整图层"按钮 ◐，在打开的菜单中选择"色阶"命令，打开"色阶"属性面板，参数设置如图 2-34 所示。

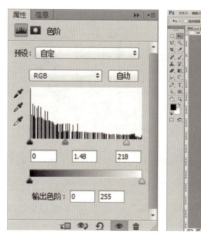

图 2-34

步骤 4：按【Ctrl+S】组合键保存文件（配套资源：\效果\项目二\青椒.psd），最终效果如图 2-35 所示。

图 2-35

2.3.4 农产品图片存储

小影发现客户提供的图片有多种格式，使用 Photoshop 调整图片后存储图片的格式可能会发生变化，而且不同电商平台要求的图片格式不同，因此需要先了解网店视觉设计与制作中常见的图片格式，然后选择合适的格式存储图片。

一、了解常见的图片格式

图片格式是图片文件的存储格式。在网店视觉设计与制作中,常用的图片格式有以下几种。

(1) RAW 格式。RAW 格式是商品摄影图片的常用格式,能保存本地拍摄数据,让网店美工可以对图片进行大幅度的修改,而且无论修图时有什么改动,图片都能无损地恢复到最初状态,不会因意外存储而造成图片数据的损失。RAW 格式还有一个好处,即可以通过 Photoshop 等图像处理软件解决镜头的失光、变形等问题。

(2) JPEG 格式。JPEG 格式是拍摄、处理和发布商品图片时的常用格式之一,该格式文件的扩展名有".jpg"和".jpeg"两种。JPEG 格式属于有损压缩格式,能够将图像压缩在很小的存储空间中,减小文件的体积,但在一定程度上会造成图像数据的损失。

(3) PNG 格式。PNG 格式一般是在处理图像后需要保留透明像素的情况下应用,该格式能够保留较多的图像细节。虽然 PNG 格式的文件比 JPEC 格式的文件大,但 PNG 格式支持透明或者半透明效果。

(4) GIF 格式。GIF 格式(图形交换格式)通常用于显示 HTML 文档中的索引颜色图形和图像,能够压缩文件并减少文件的传输时间。GIF 格式可以保留索引颜色图像中的透明度,但不支持 Alpha 通道。

(5) PSD 格式。PSD 格式是处理图片时的常用格式,也是图像处理软件 Photoshop 的专用格式。PSD 格式支持图像全部的颜色模式,可以保留图层、通道、遮罩等多种信息,以便下次打开文件时能修改上一次保留的设计,也便于其他软件使用该文件。

二、直接存储图片

在 Photoshop 中打开图片进行处理后,若没有增加任何图层,则可以选择"文件""存储"命令或按【Ctrl+S】组合键,直接存储文件,存储后的文件将覆盖原来的图片文件。若处理图片后图层增加了,则可以选择"文件/存储"命令或按【Ctrl+S】组合键,也可以选择"文件/存储为"命令或按【Ctrl+Shift+S】组合键,都将打开"另存为"对话框,如图 2-36 所示,设置好文件名、保存类型、存储位置后,单击"保存"按钮,存储图片。

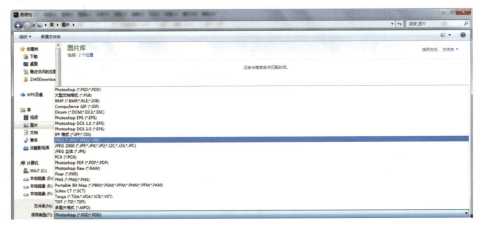

图 2-36

三、图片切片优化

小影获得的图片除了商品图片外,还有网店首页、商品详情页的设计效果图,这两类图片通常是网店美工使用 Photoshop 制作的,其页面风格统一、整体效果较好,但图片尺寸过大,无法直接上传并应用于电商平台,所以小影需要先对这些图片进行切片优化,再存储为平台要求的格式。

步骤1:打开"茶叶首页.jpg"素材(配套资源:\素材\项目二\茶叶首页.jpg),按【Ctrl+R】组合键显示标尺,然后在标尺上按住鼠标左键不放并拖曳鼠标,创建参考线,如图2-37所示。

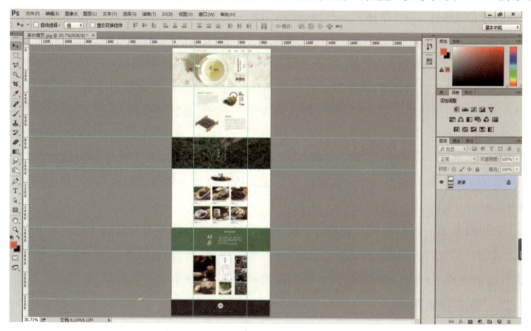

图 2-37

步骤2:选择"切片工具",在工具属性栏中单击基于参考线的切片按钮,Photoshop 将根据参考线的划分创建切片,效果如图2-38所示。

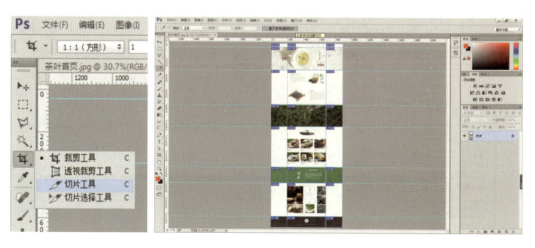

图 2-38

项目2　处理农产品图片和素材　49

步骤3：选择"切片选择工具"，按住【Shift】键不放，在图像编辑区顶部连续选中第1、2、3张切片，在这3张切片区域中单击鼠标右键，在弹出的快捷菜单中选择"编辑切片选项"命令，打开"切片选项"对话框，设置"名称"为"茶叶首页-店招与导航"，在"尺寸"栏中可查看切片的尺寸，如图2-39所示，单击确定按钮。

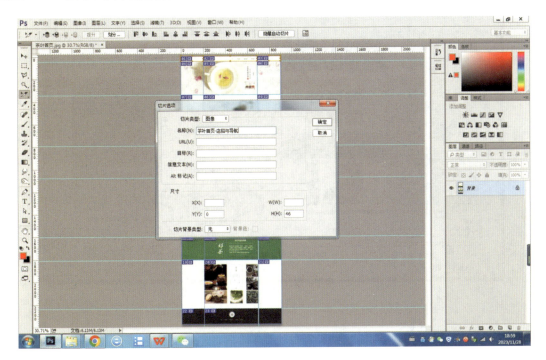

图 2-39

步骤4：使用与步骤3相同的方法，将第4—6张切片命名为"茶叶首页-首屏海报"，将第7—9张切片命名为"茶叶首页-单品推广海报"，将第10—12张切片命名为"茶叶首页-首屏海报2"，将第13—15张切片命名为"茶叶首页-商品价格信息"，将第16—18张切片命名为"茶叶首页-文案推广信息"，将第19—21张切片命名为"茶叶首页-制作过程"，将第22—24张切片命名为"茶叶首页-页尾"。

步骤5：完成对首页的切片后，选择"文件/导出/存储为Web所用格式（旧版）"命令，打开"存储为Web所用格式"对话框，在其中显示准备优化的图像，单击"优化"选项卡，然后按住【Shift】键不放，在预览区中依次选中所有切片，使所有切片的轮廓均处于黄色实线框状态；在对话框右侧设置"优化的文件格式""压缩品质"分别为"JPEG""高"，如图2-40所示。

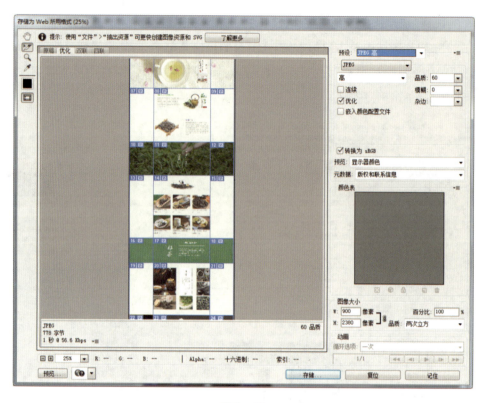

图 2-40

步骤 6：单击按钮，打开"将优化结果存储为"对话框，设置"文件名""格式"分别为"茶叶首页.html""HTML 和图像"，选定存储路径后，如图 2-41 所示，单击按钮，完成优化后首页图片的存储（配套资源：\效果\项目三\images、茶叶首页.html）。

图 2-41

步骤7：打开存储文件的文件夹，可以看到"茶叶首页.html"网页和"images"文件夹，双击"images"文件夹，在打开的窗口中可查看切片后的图片效果，如图2-42所示。

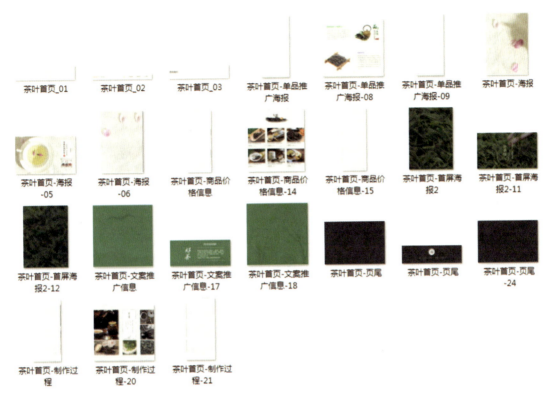

图2-42

步骤8：返回Photoshop，选择"文件/存储为"命令，打开"另存为"对话框，"文件名""保存类型"的设置如图2-43所示。选定存储路径后，单击保存按钮，以便下次在Photoshop中打开"茶叶首页（包含切片）.jpg"文件（配套资源:\效果\项目三\茶叶首页（包含切片）.jpg）时，之前制作的切片仍然存在。

图 2-43

【设计经验】

(1)当处理图片后图层增加了,Photoshop 将默认图片另存为 PSD 格式,但若需要输出主图、海报、Banner 图等单张图片,则建议先另存一份 PSD 格式的源文件,以便之后进行修改,再将图片另存为电商平台支持的格式,如 JPG、PNG、GIF 格式。

(2)对图片进行切片或优化后,图片的保存格式不同,图片大小也会不同,一般保存为 JPG 格式和 GIF 格式。其中,JPG 格式常用于保存色彩丰富的实物图片,可以达到品质高、图像小的效果;而 GIF 格式用于保存色彩数少于 256 种的图片。

思政小课堂

美工设计师在处理网店图片时,要有精益求精、认真细致的工作精神。要"干一行、爱一行",无论在哪个行业,一个人只有热爱他的工作并不断地钻研、进取,才能把自己的工作做好、做得更具特色,我们在学习网店美工相关课程时,也要做到勤学、勤问、勤做,培养自己的兴趣和热情,为以后的工作打好基础。

项目 3　撰写农产品美工设计文案

收集农产品美工设计素材后,下一步就是撰写农产品美工设计文案。老张告诉小影,好的设计作品呈现时,人们的关注度 80% 会被上面的文字吸引,而文案在设计中的占比远比想像中重要。简洁明了的画面感辅以提示性极强的文案很容易促使消费者进行下一步的行动,在网页美工设计中文案和设计的配合精妙,才会产生更好的效果。

项目目标

- 了解挖掘农产品卖点的方式;
- 掌握撰写农产品 Banner(店招)文案的方法;
- 掌握撰写农产品主图文案的方法;
- 能撰写农产品详情页文案;
- 能撰写农产品营销推广文案。

网店视觉设计的最终目的是吸引消费者达成交易,这就需要网店视觉设计向消费者传递商品的特征、功能、用途,以及活动内容和提供的服务等信息。虽然图像与色彩的表达效果直接而强烈,但它们在信息传递上有所不足,这时文案就是最有力的支持。在网店视觉设计中运用文案不仅能够清晰、明白地传递信息,还能调动消费者的情绪。

产品文案创作者需要通过精辟的文案来宣传产品。产品文案的特点之一是语言必须精练,能够快速吸引用户的注意力。文案创作者要时刻问自己:"我的文案有助于产品的销售吗?"

这种具有创意的文案并非是创作者天马行空的产物,事实上,专业的新媒体文案创作者要想写出令客户满意的文案,必须在创作文案的过程中遵循一定的流程。按照标准化的流程设计出来的文案,往往更契合客户的需求,并能做到"稳定可持续供应"。

大部分文案写作需要经过 5 个步骤,即了解客户需求、搜集背景资料、撰写初稿、分发测试和最终定稿。撰写农产品美工设计文案,也可以通过这五个步骤来完成,撰写的过程中要注重突出农产品的特色卖点,同时结合 Banner 图、主图、详情页、营销推广的特点来完成。

任务 3.1 挖掘农产品卖点

任务描述

了解了文案撰写的知识之后,老张先让小影先为农产品网店撰写玉米 Banner 文案,结合文案策划要点和写作技巧,小影开始进行文案写作策划。

文案在广告营销中发挥着重要作用。它们是营销活动的主要工具,能够帮助企业有效地传递信息、说服消费者购买产品或服务。此外,撰写高质量的文案还有助于企业提升品牌声誉和吸引潜在客户。那么,如何才能写出一个好的广告文案呢?首先,要确定想通过广告方案宣传什么内容。其次,应该通过一系列有吸引力的文字来描绘出想传达给受众的内容。最后,不断审视文案的有效性,避免出现任何可能影响读者阅读体验的错误。以农产品文案为例,可以从几下几方面入手进行撰写。

3.1.1 文案中的农产品卖点

一、以"土"来挖掘

"土"是农产品的特点,也是最重要的卖点。以农产品"土鸡蛋"为例,撰写文案时可以在网店页面重点宣传散养鸡、跑山鸡、五谷杂粮鸡等渲染农村氛围,让消费者对产品产生信任、好感,从而产生兴趣购买。原生态蜜蜂也是以"土"作为特色卖点的,通过展示蜂农养蜂状态,现场养殖、引蜂、割蜜过程及未加工直接灌装入瓶的场景获得消费者认可(图 3-1)。

图 3-1

二、人物塑造讲情怀

一个有意义、有价值、有故事、有情怀的人物塑造是打造产品文化、提升产品核心价值、提高产品市场竞争力的必要条件。比如：大学生返乡创业、大学生村官、第一书记、驻村工作队等各类身份，可以让消费者心存好感，以此来获得忠实客户。在撰写文案的时候，一方面可以注重产品背后的故事，挖掘文化价值，可以从当地有关的历史典故、趣事传说、非遗文化等方面考虑。与此同时，文案尽量突出地域品牌，可以打出地域知名度，甚至可以打造建设区域公用品牌；另一方面，可以挖掘农民面对困境自强不息、积极向上的生活态度，谱写生活与爱；有关爱心助农、公益等相关内容的，都可以描述。很多时候买家用户选择购买，不仅仅是因为需要，还有可能是因为文案中的一句话、一件事打动了他们。

三、味道鲜美体验佳

农产品的基本属性：健康、绿色、有机、无污染、天然好吃等。对于吃，味道好才是王道。因此，文案可以大力宣传农产品的绝妙口感，吸引大量的购买者。例如，先天独特的自然地理生长环境造就了品质；方圆多少千米内无工业、无污染；后天持续的优化培育了优良品种，历史经验传承的种植方式，辛劳种植、精心栽培，都可以成为其卖点。还可以从农产品的外观入手，例如，颜色鲜艳、外观饱满、表面光滑圆润，现摘现发；水果的单果克重重，果径尺寸大、果香浓郁、果味儿足等（图 3-2）。

图 3-2

四、核心差异化卖点

营销农产品时，需要建立品牌的独特优势，这样才能可持续发展。因此文案也可以抓住农产品的核心竞争要素，如独家秘方、祖传采摘方式、独家手工制作、特殊种植方式等，以此来吸引消费者（图 3-3）。

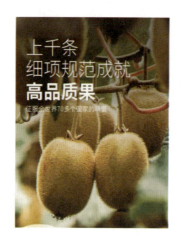 

图 3-3

五、关注评价，挖掘核心信息潜力

好的真实评价会让未购者产生信心，差评会导致客户流失。电商从业者或者企业应该多关注客户评价，利用良好的评价来打造自身品牌形象。

3.1.2 文案的策划要点

运用文案不只是在特定的地方添加对应的文字，更需要通过文字的运用来引导消费者消费。网店页面主要包括首页、详情页和活动页等，这些页面的文案主要包括网店、商品及促销活动等的说明。不同的页面，需要的文案也有所不同。网店美工想要写出优秀的文案，就要进行清晰的文案策划。一般来说可以从文案的主题、受众群体和目的来进行策划。

（1）文案的主题。文案的主题主要表现在两个方面。一方面是以表现商品的特点为主题，另一方面是要和消费者的实际利益挂钩，以折扣、满减等促销信息为主题吸引消费者。

（2）文案的受众群体。网店美工编写文案前，先要找准文案的受众群体，针对这部分人的需求进行具体分析。网店美工在写作文案时要将受众群体的需求与商品特点相结合，并分析淡旺季、相关行业详情等，如在旺季可以加大促销力度。只有根据分析结果写出的文案才能吸引消费者，引起消费者的注意。

（3）文案的目的。文案不仅要清楚地表达商品的特点，还要达到吸引消费者、促进商品销售的目的。除此之外，文案还要提高品牌的知名度，加深消费者对品牌的印象。

3.1.3 文案的写作技巧

文案在营销中发挥着重要的作用。好的文案能够突出商品的卖点、吸引消费者的注意，增强品牌的影响力；它相当于一名优秀的导购，不仅能很好地介绍商品，还能消除消费者的顾虑。

网店美工只有掌握一定的文案写作技巧,才能写出优秀的网店文案。

(1)从基本信息找卖点。网店美工应对商品的基本信息进行了解,从商品的购买人群、材质、功能等方面出发,找到文案的关键词,用关键词体现商品的品质、服务等卖点。

(2)了解同行的商品信息。正所谓"知己知彼,百战不殆",网店美工不仅要了解自己商品的特点,还要将其与同行的商品信息进行对比分析,从中吸取经验,结合自己的商品特点优化文案。

(3)巧妙对比,凸显专业性。在同类商品中,网店美工若要体现商品的专业性,在文案中可以从两方面进行表述:一是与同行对比,从细节上凸显自己商品的质量;二是通过专业知识告诉消费者如何判别商品的真假。这种方法多用于详情页文案的写作。

(4)彰显品质,增强消费者对商品的信心。从营销的角度抢占消费者的心智制高点,可使用"热卖""畅销"等词语暗示商品的可靠性、受欢迎程度。例如,编辑文案时,网店美工不仅应该说明商品的质量好、服务好,还可以添加一些激励性的文字,如"品牌享誉中外",说明该商品受到很多消费者的青睐,这也暗示了商品质量、服务等都比较有保障,能增强消费者对商品的信心,使其放心购买。

(5)对于低价商品,强调其品质。若商品本身的价格较低,容易引起消费者对于质量的担忧,那么此时除了使用图片表现品质外,网店美工还可以使用文案来重点突出商品品质。这种方法多用于主图和详情页文案的写作。

(6)对于高价商品,强调其价值。若商品本身的价格高,那么网店美工就要从商品价值出发,说明商品为什么价格高,解答消费者的疑问。

(7)抓住消费者的痛点。商品用于解决什么问题?消费者的购买动机是什么?文案可以从这些问题出发,抓住消费者的痛点,刺激其消费。

(8)消除消费者的疑虑。要提升消费者对商品的信任,消除消费者的疑虑,网店美工可以通过强调商品品牌文化和售后服务等来实现。

文案写作的过程是一个由内容到形式,再回到内容的反复修改和打磨的过程。要想写出好的广告文案,需要具备一定的文字功底和美学素养,同时还需学会如何运用创意手段来表达自己想要传达的信息。在这个过程中,首先要考虑目标受众,了解他们的需求,然后根据这些需求确定产品或服务的定位,并围绕这些定位创作相应的文案;其次,设计出吸引人的封面图,并提供给客户使用,引导消费者产生购买欲望;最后,还要注意文字风格,选择合适的字体和段落格式,确保消费者能够清晰阅读。

任务 3.2　撰写农产品 Banner 文案

任务描述

了解了文案撰写的知识之后,老张让小影先为农产品网店撰写玉米 Banner 文案,结合文案策划要点和写作技巧,小影开始进行文案写作策划。

3.2.1　Banner 文案主要构成

通常来说,Banner 文案内容主要包含主标题、副标题及引导行为词。主标题突出展现要传达给用户的重要信息或核心卖点;副标题补充说明主标题内容,用相关介绍或其他卖点进一步吸引用户眼球;引导行为词即引导用户行动的词语,如立即品尝、立即购买、马上参与、立即咨询、去抽奖等。如图 3-4 所示,白色背景中的"立即品尝"突出醒目,即为引导行为词。

图 3-4

3.2.2　高转化率 Banner 文案的 4 个特点

一、让用户看懂内容,避免使用"生词"

有研究表明,人类的平均专注时间已经下降到 8 秒。这意味着,我们写的 Banner 文案要争取在 8 秒甚至更短的时间内引起用户关注,要做到这点首先就要让用户看懂我们写的内容。这就要求,Banner 文案要非常简洁,并能传达正确的信息,不要让用户产生歧义,所以应当避免使用行话、生僻字、方言、网络流行语等(图 3-5)。

图 3-5

二、站在用户角度，提炼重要信息

文案要想吸引用户眼球，不仅要让用户看懂我们写的内容，而且要让用户对我们写的内容产生兴趣，这就需要我们站在用户的角度思考：用户的关注点是什么？用户希望解决什么问题或满足什么需求？然后提炼出自己产品的卖点或服务的特色，将用户想看的结合我们想传达的展现出来。用最简洁的语言表达出：用户想看的＋我们想让用户看的信息（图 3-6）。

图 3-6

三、凸显折扣优惠，巧用"数字"说话

在 Banner 文案中，如果要传达有折扣、优惠等福利，最好用数字凸显出来，让用户可以直观感受到福利和优惠（图 3-7）。

图 3-7

四、控制文案字数,表述逻辑清晰

Banner 文案字数,在 PC 端建议控制在 30 个字符以下,在移动端建议控制在 15 个字符以下(图 3-8)。字数太多、信息量太大,会给美工设计师在进行 Banner 图版式设计时带来一定困难,同时还会让用户抓不住重点。如果 Banner 文案字数过多,用户有可能都来不及看完整个文案的内容。

图 3-8

任务 3.3　撰写农产品主图文案

任务描述

主图是商品最重要的展示窗口,主图也与店铺运营的多项数据指标,如点击率、跳失率等息息相关。用主图就可以吸引客户购买这是不现实的,主图的主要作用时是引导客户点进去,是否购买该产品,还要看产品展示细节功能等否完善。图 3-9 是淘宝关键词输入"苹果",不同商家的宝贝主图。

图 3-9

3.3.1　主图文案的作用

主图文案应一目了然,简明扼要,注明核心卖点,让买家看了产生点击的念头,如果有服务差异化(如顺丰包邮、3 天退款等)或活动优惠,也要在主图上突出体现。想要写好主图文案,一定要懂得:目标明确、紧抓需求、精炼表达。

3.3.2 主图文案的写作技巧

一、善用比喻

与其在主图上放陌生的专业词汇或形容词让消费者一头雾水,倒不如用一个精准的比喻让他们恍然大悟。比喻可以将产品卖点化抽象为具体,让其更加清楚明白、浅显易懂,使人容易接受。比喻的本质是降低与消费者的沟通成本。

二、抓痛点

找到痛点,这就要求撰写文案的时候清楚目标消费者是谁,他们现在最想迫切解决的到底是什么问题。然后,从痛点入手,在主图文案中解决目标消费者的痛点。

三、罗列卖点法

罗列卖点法就是将一系列卖点通通罗列出来。总有一个是吸引消费者的点,从而引导他们完成消费行为(图3-10)。

图 3-10

任务 3.4　撰写农产品详情页文案

任务描述

完成了农产品主图文案的撰写,接下来小影要继续为农产品网店撰写详情页文案,从梳理详情页文案的写作流程开始,进行文案写作策划。

3.4.1 详情页文案写作流程

详情页是用来给消费者详细介绍商品的页面,也是促成交易的重要视觉设计作品。在网络购物中,消费者不能接触到商品实物,只能通过详情页的描述来了解商品。通过详情页,消费者可以了解商品的外观、细节、尺寸、材质、功能、使用方法等信息,同时还可以了解到商品的优点、价值、资质、品牌、售后服务等信息,从中判断出商品的定位和品质,从而决定是否购买此商品。详情页文案不需要像小说那样一波三折,也无需像诗歌、散文那样含蓄隽永,它的目的是向用户直观地展示产品信息并刺激用户购买。所以,详情页文案要注意语言通俗易懂、简洁明了。

一般而言,详情页文案由产品图片、用户痛点、产品功能及设计、产品细节、演示操作流程、用户使用真实评价与反馈、产品优惠情况、价格说明、物流与售后9个部分组成。文案创作者在创作详情页文案时,需要根据产品具体的特点,在这9个部分的基础上进行增删。

一般来说,详情页文案写作有以下几个流程。

一、确定和分析相关竞品

一位客户在下单购买之前,通常会进行多次浏览和比较,我们购买商品时同样会有这样一个过程。在确定竞品后,要大量研究同行的产品页面和评价,提炼出他们的主打卖点,分析竞品的主图如何吸引和打动客户,以及他们的薄弱点,寻找到他们存在的薄弱点后作为自己的突破点。可以主要从三个维度,产品、产品的价格及产品的销量来考虑。通过主打关键词在淘宝上搜索,主要看价格段、产品页面;找到和你产品类似或者相同的同行店铺;分析不同价格段的同行店铺的销量;价格相近、产品类似、销量比你略多就可以确定为竞品。

二、提炼产品购买理由

1)提炼卖点

打造优质详情页非常重要的一步就是提炼卖点,不少做得好的卖家都主打了一些重要且有吸引力的卖点。可以大量查看同行页面及评价,将顾客的购买理由调研清楚,逐条记录,提炼卖点。

2)调研客户需求和特点

页面就是产品的销售员,是展示商品的窗口,必须要了解客户的特点、需求和痛点。了解客户,把握他们的需求和特点是让客户下单的前提。

3)在列出产品优势后必须提炼购买理由

所有产品购买理由的提炼都是建立在产品和事实之上的,可以略微夸张,但是要遵守实事求是的原则。陈列购买理由后需要进行排序和归纳,否则做出的页面可能是冗长的,客户不愿意看,看了也不容易记住。

3.4.2 详情页文案要点

详情页的设计要图文并茂,文字要精简,直戳重点,让顾客一看就明白的才是好的产品详情页。还要循序渐进,层层递进,让买家越看越喜欢,常见的有商品描述、店铺公告等。

客户在第一次接触店铺详情页面的时候,详情页面承担着描述商品、展示商品、说服客户、产生购买这一整套的营销思路。卖家要根据产品实际情况来安排商品详情页面的布局模式,每个布局的模块要相互关联,使得用户在浏览产品时不会产生思维障碍或者思维断档,这样才能利用详情页表述引导客户按照设计者期待的方向发展。其次,在规划店铺布局的时候,各个详情页要相互链接,一定要打通每个详情页的联系,不要让客户丢失在某个环节。

3.4.3 常见详情页文案写作方式

1. 疑问式文案

详情页中的这类疑问式文案的发起,很容易引起潜在顾客想要了解答案的欲望,但前提是这个提问要与客户的利益相关。这类文案与生活沟通的场景很类似,比如生活中有人向我们提问时,我们会本能地做出回答,这类文案不仅可以引起客户的共鸣,在一定程度上会增加说服客户的可能性(图 3-11)。

图 3-11

2. 前半句阐明卖点,后半句阐述具体好处

每一个消费者的每一次购买行为背后都是有驱动力的。一个好的文案能一下子戳中消费者的需求。消费者在购买产品时一般更加关注这个产品能够具体给自身带来怎样的好处,卖点

描述得越具体,消费者对产品的感知就会越清晰。

任务 3.5　撰写农产品营销推广文案

任务描述

完成 Banner 文案、主图文案、详情页文案的撰写后,小影已经有了较为丰富的文案书写经验。现在要为农产品网店撰写玉米的营销推广文案。

农产品营销是指农产品生产者与产品市场经营者为实现农产品价值,通过一系列的产品价值交易活动,满足消费者需求和欲望的社会过程和社会管理过程。农产品营销的主体是农产品生产和经营的个人和群体。农产品营销活动贯穿于农产品生产和流通、交易的全过程。农产品营销的概念体现了一定的社会价值或社会属性,其最终目标是满足社会和人们的需求和欲望。

3.5.1　认识产品营销推广文案

产品营销推广文案主要用于品牌建设,通过文案的曝光,促使用户知晓、了解品牌,从而对品牌产生信任和期待,逐步建立情感连接。好的品牌传播文案,可以扩大品牌知名度,提升品牌的美誉度,最终促进产品的销售。

企业通常借助品牌传播文案达到以下 3 个不同层次的目的。

(1)建立用户对品牌的基础认知,让目标用户熟悉品牌,使目标用户在同类品牌中能够快速识别出该品牌。

(2)建立用户对品牌较深层次的识别,让目标用户了解品牌的个性和形象,加深目标用户对品牌的理解,进而对品牌产生认同。

(3)建立并强化品牌和目标用户的关系,提高目标用户对品牌的忠诚度。

3.5.2　产品营销推广文案的写作要点

(1)关注社交效应。

(2)关注热点效应。

节假日具有规律性,是各大品牌不容错过的宣传节点。新媒体文案创作者借助节假日或热点事件创作的文案,通常能获得更多的流量,精彩的文案还能引发用户的讨论、仿写与传播。

热点事件营销更是品牌宣传不能忽视的策划思路,将用户关注的大事,或近期发生的热点事件与品牌相结合,以期获得较强的新闻效应。热点事件策划的时机是即时的,新媒体文案创作者需要快速反应并发布文案,才能达到宣传或营销的目的,如果不能及时挖掘热点事件与产品之间的关系,就会失去推广的机会。通常而言,热点事件策划具有很强的时效性,主要的作用在于提升品牌知名度。

成功的热点事件营销,需要新媒体文案创作者在热点元素、目标用户需求及情感、产品卖点三者之间找到合适的切入点。如图 3-12 所示的三幅推广文案都是紧跟热点事件推出的,以此达到推广的目的。

图 3-12

3.5.3 案例分析

例 1:图 3-13 中这个看起来色泽鲜艳,果肉满满的是"甘栗仁/板栗仁",这样一份诱人的坚果要如何才能创作出与之匹配的产品文案,体现其特点呢?

图 3-13

写作思路:坚果→特产→零食→天然→家乡风味→小时候的味道→回忆。

【推广文案】:

栗仁香在哪?

揽大地与蓝天白云于胸怀，

聚精华藏一身，

一口香甜，

饱儿时的一份思念。

例2：图3-14中金黄嘎嘣脆的这个是"腰果"，创作它的文案又该如何下手呢？别急，找出关联点就会变得很容易了。

图 3-14

写作思路：坚果→腰果→特产→脆→香→解馋→味美→产量少→价值高。

【推广文案】：

香脆的两端连着舒心与满足，

从成长到成熟，

历经坎坷，

从少有到享有，

奉献了你一生的精华。

例3：图3-15中"大米"的相关创作。

图 3-15

创作来源:大地→水田→水稻→雨水→阳光→农民→辛劳→耕种→一日三餐→饭香。

【推广文案】:

丰沛的水系,

肥沃的大地,

日照 10 h 的光感,

丰盈了它一身的营养。

不违农时的人们,

收获了每一粒珠光玉润,

这是大自然的馈赠,

更是劳动人民五千年智慧文明的结晶。

思政小课堂

推广文案在写作时,要结合各媒体平台进行大力宣传,要特别注重和区域文化资源相整合,可以从地方特色入手,讲好地方故事,做到以事动人,以情感人。

项目 4　开展农产品美工图文排版

小影在电商设计部工作了一段时间后,凭借着踏实认真的工作态度以及出色的学习能力获得了包括老张师傅在内一众同事的肯定。老张准备让小影参与网店的视觉设计与制作,提升其网店视觉设计的实战能力,于是将农产品网店视觉设计任务交给她,让她负责农产品美工图文排版工作。

项目目标

- 了解农产品 Banner 图文排版表现形式;
- 了解商品详情页设计思路;
- 掌握主图、详情页设计规范和设计要点;
- 能够设计制作农产品的 Banner 图、主图和详情页;
- 提升审美能力和艺术素养;
- 遵守电商平台规则,实事求是,不做虚假宣传。

网店首页是整个网店的形象展示页,其视觉设计至关重要,直接影响网店的品牌宣传效果和消费者的购物体验。网店首页视觉设计的好坏直接影响消费者对网店的印象,好的网店首页视觉设计能提升网店的形象,赢得消费者的好感,从而促进商品的销售。

为了设计出具有吸引力的网店首页,网店美工需要了解网店首页的主要功能,这样才能有针对性地设计出满足消费者需求的网店首页。

1) 展示形象

网店首页作为整个网店的门面,需要直观地表现出网店风格、展示网店形象。消费者进入网店会通过网店首页的内容对网店进行一个详细的判断,判断的结果其实就是网店给消费者留下的印象。

2) 展示商品

网店首页应更好地展示商品,从而促进商品销售。消费者从某一款商品进入网店首页,意味着消费者有可能会购买网店的其他商品。当消费者有明确的购买目的时,网店首页需要提供搜索功能,帮助消费者快速方便地找到需要的商品,使消费者快速下单。

3)推广与营销

网店首页有非常好的资源位置,为了突出网店的促销信息和优惠活动,一般会将这些信息放在网店首页进行展示,以达到很好的推广与营销效果。

4)引流

网店首页中的导航栏、商品搜索功能是常见的引流方式。消费者可以从导航栏中进入不同类目商品的页面,也可以通过搜索功能快速找到自己需要的商品。

任务 4.1　开展农产品 Banner 图文排版

任务描述

老张让小影先为该网店设计并制作玉米 Banner 图,着重展示玉米的外观、卖点和促销信息,吸引消费者进一步了解店铺的玉米。制作之前,先要了解网站视觉设计中 Banner 图的重要性及设计的要点。

4.1.1　了解 Banner 图

一、Banner 图的概念

Banner 图主要是指网页导航图片,通常可以体现网站的中心主旨,Banner 图由背景图、标识(Logo)和标语(或单位)构成。尺寸是 468×60 像素,一般使用 GIF 格式的图像文件,可以是静态图形,也可用多帧图像拼接为动画图像。要想在有限的空间内充分宣传企业或产品,提高 Banner 图的点击率,达到理想的广告效果,关键在于 Banner 图的设计制作能否准确地传达信息,能否给浏览者留下深刻的印象,使之产生购买欲望。在有限的广告画面范围内进行版式设计,必须要突出中心内容,给人一目了然、醒目突出的感觉,过于呆板严谨会使浏览者感觉乏味无趣,而混乱堵塞、无序、无主次的广告会使浏览者烦躁不安。如图 4-1 所示,这两家农产品电商的 Banner 图,简单明了地突出了产品的类型与卖点,使买家一目了然,便于买家选购。

图 4-1

二、Banner 图的设计特点

因为 Bannerl 图设计应用在网站中,所以与传统纸媒设计的特点略有不同,除了设计应该遵循的视觉美观、色调统一、形式突出外,Banner 图还具有以下两个特点。

1. 大小限制严格

为了提高网页的加载速度,设计 Banner 图时,对其尺寸大小要求比较严格,一般将 Banner 图的大小控制在 100 kb 以内,分辨率设置为 72 像素/英寸,过大的 Banner 图会使加载速度过慢影响网页浏览的速度和用户心情,从而直接影响网站转化率。

2. 可以被点击

和传统纸媒体最大区别是,Banner 图一般都有链接,可以通过单击 Banner 图引领用户进入详情页面。通过点击率,也可以直观反映出 Banner 图被认可的程度。由于点击会进入介绍页面,页面的统一性和连续性也需要在 Banner 图中体现。

三、Banner 图设计三要素

Banner 图是网店首页的第一个核心模块,主要展示网店 Logo、网店名称、关注(收藏)按钮、活动内容、促销商品等,可以让消费者一眼就了解到网店的信息。导航栏主要用于对商品进行分类,方便消费者快速查找商品。Banner 图是网店形象的重要展示窗口,为了便于推广网店商品和树立品牌形象,网店美工在设计店招时需要注意以下几点。

1. 展示品牌形象

可以通过网店名称和网店 Logo 展示品牌形象,也可以从品牌专属颜色、Logo 颜色、字体等体现品牌气质,还可以通过广告语传递品牌理念。如图 4-2 所示,沃格福富硒生态鸡蛋的电商 Banner 图,整体采用绿色的色调及蛋黄橙色的点缀展示出自然健康生态的品牌形象,赢得了消费者的信赖。

图 4-2

2. 抓住商品定位

商品定位可以展现网店商品的类别,给消费者传递明确的信息,吸引目标消费者浏览网店内的商品。如图 4-3 所示的 Banner 图让消费者直观地看到该网店卖的是什么商品,有利于消费者准确判断该网店的商品是不是自己需要的。

图 4-3

3.设计风格

因为 Banner 图的风格决定着整个网店的风格,所以网店美工在设计时,应让网店商品本身的特点与品牌形象统一,注意画面简洁,版式新颖别致,具有视觉美感。图 4-4 为一家农副产品网店的 Banner 图与导航栏,Banner 图的整体色调为象征大自然的绿色,绿色与白色搭配,体现出商品绿色、健康、安全的特点,整体画面协调统一。

图 4-4

4. 尺寸与格式

Banner 图一般分为电商 Banner 图和广告 Banner 图。电商 Banner 图多用于淘宝和京东平台的横幅,常用的尺寸为 750×390 像素。一般而言,电商首页全屏海报 Banner 的尺寸是 1920×700 像素,而广告 Banner 图的尺寸是 900×500 像素。Banner 图文件的格式有 JPEG、PNG、GIF 等。

三、Banner 图排版原则

通过以上 Banner 图的设计特点、设计要素可以得出,Banner 图的存在就是为了迅速传递信息,提高转化率。以此特点为基准,能够总结 Banner 图在设计方面需要注意的原则。所谓排版,就是在布局上调整文字、图片、图形等可视信息元素的位置和大小,使布局达到美观的视觉效果。一般来说,Banner 排版遵循六大原则,即对齐、聚集、降噪、重复、对比、留白。

(1)对齐原则:将想要放在图片上的元素对齐排列,元素不能过多,这样买家在浏览网站 Banner 图的时候,就可以顺着目光将重要信息都接收了(图 4-5)。可以采用对称构图的方式来体现对齐原则。

图 4-5

(2)聚集原则:将内容分为几个区域,相关内容聚集在一个区域(图4-6)。

图4-6

(3)留白原则:网站的 Banner 图可适当设计简约,不能够太花哨,图片中的元素不能太多,且要有留白感,这样能够让买家将注意力集中在某个元素或者某个内容上(图4-7)。留白原则不仅可以减少横幅的压迫感,还可以引导读者的视线,突出关键内容。

图4-7

(4)降噪原则:图片中的元素不能太多,设计尽量不复杂,也不能有太多复杂字体(图4-8)。过多的颜色、字体、图形,是分散读者注意力的噪音。其实,和留白原则的道理一样,降噪原则的本质是不分散买家的注意力。

图4-8

(5)重复原则:不是同个东西出现多次,而是尽量保持同种元素在同一张图片上。例如,展示的是某一个农产品就不要展示其他物品,元素之间不要交错,否则会让买家在读取店招信息时产生混乱感。

(6)对比原则:加强元素之间的对比,突出某种元素。例如,元素放大或缩小,或者对称构图中加入不对称的元素。对比原则增加了不同元素的视觉差异,不仅增加了横幅的活力,而且突出了视觉焦点,方便用户一眼浏览重要信息(图4-9)。

图4-9

四、电商 Banner 图常规排版

由于产品结构体系的日益成熟,构图形式也更加追求实际效用,最终筛选出 3 种最为实用的构图形式,分别是左右式排版、居中式排版、对称式排版。

1. 左右式排版

左右排版让内容的传达更为直接,人们的视觉很容易从左右排版这种常用的视觉习惯中找到有效讯息。这种构图是 Banner 中经常出现的,主要特点是视觉上会比较清晰易分辨,文案产品模特一目了然,可以参考黄金比例分割线 4∶6 的构图方式,再根据实际状况进行调整(图 4-10)。

图 4-10

2. 居中式排版

中心位置是整个版面最容易聚焦的位置,在这个位置放置圆形作为背景元素,让整个画面的焦点重心都集中到一个位置。居中式构图是将主体文案放在画面正中心的构图。这种构图方式的最大优点就在于主体突出、明确,而且画面容易取得左右平衡的效果(图 4-11)。

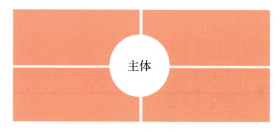

图 4-11

3. 对称式排版

对画面的平均分割能够保证画面的平衡,文字图片左右对称排版,对称式构图给人简洁、有力、稳固的视觉感受(图 4-12)。

图 4-12

4.1.2 Banner 图设计实践

苹果丰收的时节快要到了,为了提高苹果的产量,农产品网店要求小影设计并制作一个苹果的 Banner 图,老张说 Banner 图的目的就是通过视觉,将所要传递的重点信息,更好、更快地传达给目标人群,从而增强用户对品牌的认知,提高店铺销售量。因此,Banner 图在设计的时候要注重信息层次的梳理,针对每种类型素材首要传递的重点信息进行重点制作。

步骤 1:打开 Photoshop,新建一个宽度为 750 像素,高度为 390 像素,分辨率为 300 像素/英寸的文档(图 4-13)。

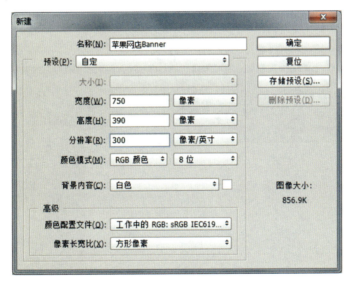

图 4-13

步骤 2:点击右下角的新建图层按钮,或者使用快捷键【Ctrl+J】,创建一个新的图层,并命名为"Banner 背景层"(图 4-14)。

图 4-14

步骤3：在左侧工具箱中选择"矩形选区工具"，并在画布中创建如图4-15所示的选区。

图 4-15

步骤4：单击前景色，打开拾色器，输入图4-16中♯"ffe2e6"的数值，将前景色填充为粉色。

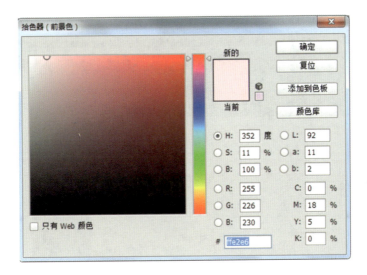

图 4-16

步骤 5：使用快捷键【Alt+Delete】，将步骤 3 中创建的选区填充成粉色，并使用【Ctrl+D】关闭选区（图 4-17）。

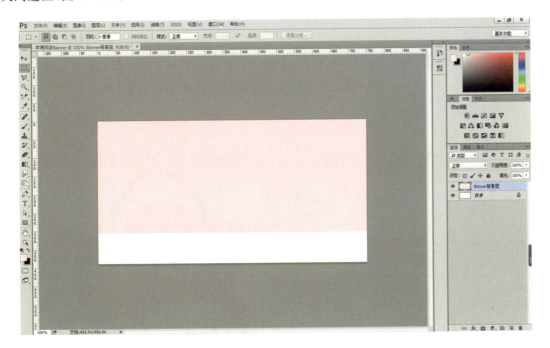

图 4-17

步骤 6：利用同样的方法，将 Banner 背景层下半部分填充为♯ffdfb9（图 4-18）。

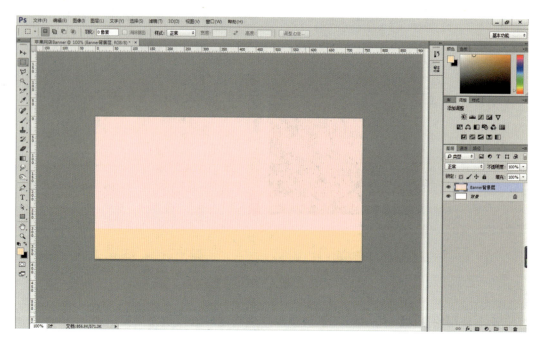

图 4-18

步骤 7：置入素材"苹果.jpg"（配套资源：素材/项目四/苹果），使用快捷键【Ctrl+T】，打开"自由选框命令"，按住【Shift】键，缩小苹果素材到合适的大小，按【Enter】键确认。

图 4-19

步骤 8：对"苹果"图层点击右键，执行"栅格化"命令，然后使用"魔棒工具"，设置容差大小为20,按住【Shift】键,在空白处单击,直至白色区域都被选中,使用【Delete】键,删除空白区域,扣取出苹果图像,并使用【Ctrl+D】关闭选区,效果如图4-20所示。

图 4-20

步骤9:双击"苹果"图层,打开图层样式,勾选"投影"选项,并进行参数设置,为苹果添加投影(图4-21)。

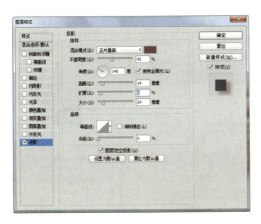 

图 4-21

步骤10:在工具箱中选择"横排文字工具",在画布上单击,并输入"脆甜可口,顺丰到家"的文字,在属性栏中选择字体为方正兰亭黑简体,文字大小为30,颜色为♯e54d4d;继续添加"陕西洛川红富士"文字,并在属性栏中选择字体为方正大黑简体,文字大小为48,颜色为♯860303;继续添加"到手价:37.9/5斤"文字,并在属性栏中分别选择字体为"方正兰亭黑简体"

和"方正琥珀",文字大小分别为 30 和 48,颜色分别为♯574141 和♯fa0202;效果如图 4-22 所示。

图 4-22

步骤 11:选择"圆角矩形工具",在属性栏中设置圆角 30 像素,颜色♯fa0202,绘制如图 4-23 所示的形状。

图 4-23

步骤12：使用文字工具输入文字"立即购买"，颜色为白色，字体为方正兰亭黑简体，效果如图 4-24 所示。

图 4-24

步骤13：利用同样的方式，完成左上角矩形的绘制及"正宗"文字的添加，苹果网店 Banner 图制作完成，效果如图 4-25 所示。

图 4-25

步骤 14：按【Ctrl+S】组合键保存文件，最终效果如图 4-26 所示。

图 4-26

思政小课堂

设计过程中，所使用的图片不要侵权，可采用网站产品图片或者免费图库的图片。

任务 4.2 开展农产品主图图文排版

任务描述

完成了 Banner 图的设计之后，接下来小影需要为玉米农产品设计主图，老张告诉他，需要从了解主图的内容开始，同时熟悉主图的设计要点，掌握调整商品图片尺寸、裁剪商品图片及抠图的方法等，为制作主图做准备，然后再开始进行主图的设计实践。

4.2.1 认识主图

主图就是商品页面中的第一张图，它是网店用来直接展现单个商品的工具。商品页面中的主图最多可以有 5 张，最少要有 1 张。第一张主图依据商品的卖点及特点被设计成商品最重要的主图，主要包含商品名称、商品图片，以及商品的卖点和价格等重要信息（图 4-27）。而其他主图为商品的普通主图，主要用于描述商品的细节。

主图可以说是商品的招牌,一张优秀的主图不仅可以展示商品,还能够快速吸引消费者的注意力,引导消费者进一步了解商品或网店,从而提高网店的销量。作为商品的招牌,主图对商品的点击率和交易率有着巨大的影响。只有引起消费者的注意,消费者才会单击主图,从而进一步了解商品。

图 4-27

4.2.2 主图的设计要点

在天猫、京东、当当等电商平台上,主图是最先映入消费者眼帘的图片,第一张主图在一般情况下还会在商品搜索结果页显示。主图的位置决定了自身的重要性,它能起到视觉营销推广的作用,使消费者对商品产生兴趣,进而为网店增加流量和销量。网店美工如果想要制作出高点击率的主图,为商品销售提供帮助,就需要在制作主图前掌握主图的设计要点。

一、商品图片

商品图片要能吸引人。在主图中,商品图片要大小适中,并且能展现商品的细节,包括材质、纹理等。商品图片必须与商品实物相符,必须清晰,尽可能不出现色彩与造型上的偏差,最好为高质量的商品实物照片。如果主图中的商品图片与商品实物不符,那么可能会引起售后纠纷,从而影响商品的销售与网店的运营。商品需要展现正面,不可展现侧面或背面,主图图片要美观度高、品质感强。商品尽量平整展现,商品主体完整,展示比例适中,不要过小。

作为商品的招牌,主图对商品销售的影响是多方面的,包括主图图片场景、商品清晰度、主图颜色、创意卖点、辅助展示等,这些因素都是网店美工在设计主图时需要注意的要点。主图图片场景可以展示商品的使用场景。在设计主图图片场景时,选择不同背景、不同虚化程度的素材,都可能影响图片的视觉效果,从而影响点击率。在使用不同场景的图片时,还要注意主图的前后排列情况,因为图片场景的顺序会影响主图商品的表现力。从大量数据调研中可以发现,点击率较高的主图,大部分使用的是生活背景。作为主图,清晰度很重要,如果主图中的商品不够清晰,那么主图的效果会大打折扣。图 4-28 为主图清晰和不清晰的对比效果。

图 4-28

二、创意卖点

卖点是指商品与众不同的特色、特点,既可以是商品的款式、材质、功能,也可以是商品的价格。卖点要清晰、有创意,不宜太多,要直击要害,让消费者粗略一看就能快速明白商品的优势是什么,这样才能让商品从众多同类商品中脱颖而出(图 4-29)。主图中的卖点不一定是促销内容,但一定是吸引消费者的亮点,是商品的核心竞争力。

图 4-29

三、促销信息

消费者一般比较喜欢促销商品,如果商品正在促销,则可以将促销信息添加到主图中,以提高主图的点击率。促销信息要简短清晰,并且要避免喧宾夺主。需要注意的是,促销信息尽量明确、字体统一,图 4-30 为具有促销信息的主图。

图 4 - 30

四、设计风格

主图的设计风格应该符合商品本身的风格。设计主图时,要注意画面简洁,切忌使用过于复杂的背景和杂乱的色彩,以免分散消费者的注意力。因为消费者浏览主图的速度往往较快,所以主图传达的信息越简单、明确,越容易被消费者接收。如图 4 - 31 所示,两幅商品主图利用清爽的设计风格展示出蔬菜和瓜果的新鲜与美味。

图 4 - 31

4.2.3 主图的规范

主图一般有 5 张,主要显示在搜索结果页面和商品详情页,如图 4 - 32 所示,搜索结果页面默认展示第一张主图图片。不同平台对主图尺寸的要求也不同,PC 端主图的常用尺寸一般为 800×800 像素,移动端主图图片尺寸一般为 600×600 像素,格式可以是 JPG、PNG 等。对于 700×700 像素以上的主图,商品页面通常会提供主图的放大功能,当消费者将鼠标指针移至商品主图上方时,即可放大查看该主图的细节。在上传主图时,网店美工要将其大小控制在 500 kb 以内。

图 4-32

掌握了以上设计要点后,小影将需要设计的玉米主图要点根据设计需求进行了梳理(表 4-1)。

表 4-1

要点	内容
主图图片场景	几颗玉米展示
商品清晰度	玉米图片的清晰度应大于等于主图要求的清晰度
创意卖点	该款玉米的主要卖点为"软""糯""甜",粗粮纤维,营养健康
促销信息	展示活动价格,以及"领券满40减10"等促销信息
设计风格	由于玉米以黄色、绿色为主,因此主图也采用黄色、绿色为主色,促销信息则使用红色进行强调

玉米主图需要展现玉米的特点、价格和优惠活动。为了使玉米主图具有吸引力,老李建议小艾先设计黄绿色调的主图背景,营造自然、健康的氛围;再抠取玉米图像,并将其放置在主图中央;最后绘制标签并添加文字,在丰富玉米主图的同时,直观地传达信息。

玉米粒为黄色、叶片为绿色,为了在主图中突显玉米,并且使主图整体配色和谐,小艾准备使用与绿叶颜色相近的绿色设计主图背景中的渐变色块,并添加少量黄色进行点缀。

步骤1：启动Photoshop，新建大小为"800×800像素"、分辨率为"72像素/英寸"，名称为"玉米主图"的文件(图4-33)。

图4-33

步骤2：在"图层"面板底部单击"创建新图层"按钮新建图层，并命名为"背景"，选择"渐变工具"，在工具属性栏中设置渐变颜色为"♯eaf6b3～♯e9db43"，单击"线性渐变"按钮，按住鼠标左键不放并向右下角拖曳鼠标，然后释放鼠标左键，为"背景"图层填充渐变颜色(图4-34)。

图4-34

步骤3：选择"钢笔工具"绘制出两个弧形形状，颜色分别为♯b3d465和♯fdaf07(图4-35)。

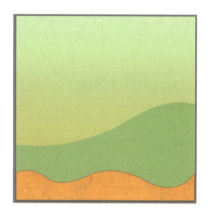

图 4-35

步骤4：导入"玉米素材"（项目四/玉米主图/玉米），按【Ctrl+T】组合键进入自由变换状态，调整图片的大小和位置，将图片栅格化，双击打开"图层样式"命令，勾选"投影"效果，并进行如图4-36(a)所示参数设置，效果如图3-36(b)所示。

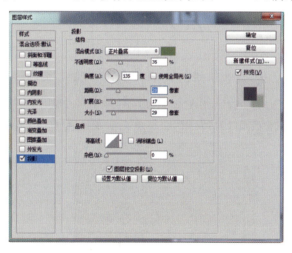

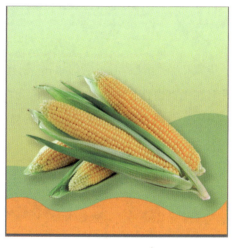

(a)   (b)

图 4-36

步骤5：使用文字工具，添加文字"软糯Q弹 粒粒香甜"，字体为方正大黑简体，字号为81号，如图4-37所示。

项目4 开展农产品美工图文排版 93

图 4-37

步骤6：使用"圆角矩形工具"，绘制圆角矩形，圆角半径为30像素，打开图层样式，勾选"投影"命令，混合模式的颜色为#8cb42e，并进行如图4-38(a)所示的参数调节，效果如图4-38(b)所示。

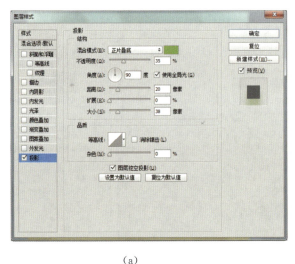
（a）

（b）

图 4-38

步骤7：使用"文字工具"，在上一步绘制的圆角矩形上，添加"—粗粮纤维 营养健康—"的文字信息，字体为方正非凡体简体，字号为48号，颜色为#558911，效果如图4-39所示。

图 4-39

步骤 8：使用文字工具，添加文字"领券满 40 减 10"，字体为方正大黑简体，字号为 60 号，颜色分别为♯ffffff 和♯de1111，如图 4-40 所示。

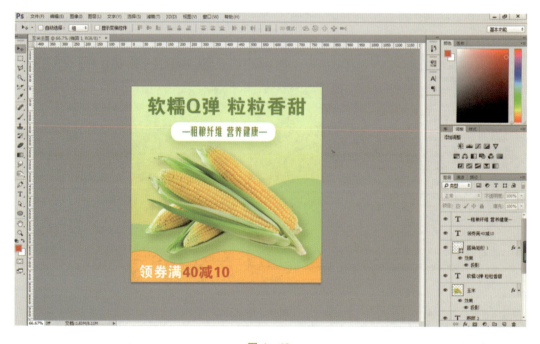

图 4-40

步骤9：选择"椭圆工具"，绘制椭圆效果，并选择"文字工具"添加文字效果，最终效果如图4-41所示。

图4-41

步骤10：玉米主图制作完成，按【Ctrl＋S】组合键保存文件（配套资源:\效果\项目四\玉米主图.psd），主图最终效果如图4-42所示。

图4-42

任务 4.3　开展农产品详情页图文排版

任务描述

主图主要用来吸引消费者,而想让消费者了解商品信息,促成商品交易,还需要制作商品详情页。老张让小影为农产品网店制作柑橘详情页,详细展示柑橘的卖点、产地、规格、配送等信息,让消费者详细了解柑橘,进而促成商品交易。

商品详情页是消费者了解商品信息的主要途径,为了更好地设计与制作柑橘详情页,提升详情页对消费者的吸引力,小影准备搜索一些水果类商品的详情页,分析这商品详情页的特点,明确柑橘详情页的内容,梳理出柑橘详情页的设计思路。

4.3.1　认识详情页

网上购物时,消费者找到自己心仪的商品之后,会进入详情页,阅读详情页的内容,以便了解商品是否符合自己的购买标准。因此,详情页在网店视觉设计中非常重要,做好详情页的设计有助于提高商品的成交量。

商品详情页是展示商品详细信息的页面,主要用于介绍商品的外形、尺寸、材质、颜色、功能、使用方法等内容。商品详情页的内容因商品属性的不同而不同,小影通过电商平台搜索了一些水果类商品的详情页,通过观察,小影了解到这类商品详情页的内容主要包括焦点图、商品卖点及细节图、商品其他信息图、商品规格参数图、商品配送及售后图等,如图 4-43 所示。

图 4-43

4.3.2 详情页的主要组成部分

详情页就像是一个无声的推销员,它凭借着图片、文字去打动消费者,其质量在很大程度上能影响商品的销量。网店美工想要设计出高质量的详情页,首先需要知道详情页包括哪些板块,这样就可以针对每一个板块去设计内容。

1. 商品焦点图

焦点图是为推广商品而设计的营销海报,位于详情页的最上方。网店美工通常选择商品图片中最能够吸引人眼球的一张图作为焦点图,配上能突出商品卖点、促销信息等的文案,进行一个直观的创意展示,以吸引消费者的注意力,因为只有消费者对商品有需求和兴趣,他们才会对详情页进行深度浏览(图4-44)。除此之外,焦点图还可以呈现商品的销量优势、商品的功能特点等,以激发消费者的潜在需求。

图4-44

2. 商品卖点图

商品卖点图是基于消费者的需求点展开的,从商品的使用价值、外观、质量、规格、功能、服务、承诺、荣誉等诸多信息中提炼,根据消费者在意的问题、同类商品的优缺点,挖掘出商品与众不同的卖点,来增强商品的竞争力,吸引消费者的注意。

网店美工设计商品卖点图可以使用图形来布局,也可以将文字显示在图形上,达到既修饰文字又突出文字的目的,通过对图形进行创意设计,形成新颖的视觉结构,突出卖点。文字一定不要破坏图片整体的结构,图片的颜色也不要太多,这样整体看上去才会协调。网店美工也可以在商品卖点图中对卖点进行详细说明,如对商品的原料优势、产地优势、品牌理念等进行说明,来增强商品的说服力(图4-45)。

图 4-45

3. 商品信息描述图

商品信息描述图是详情页设计的核心要素,通过它,消费者几乎可以了解商品本身的全部信息,如商品的规格参数、功效、工艺、品牌、品质、使用场景等。其内容多,在详情页中所占篇幅最长,通过展示各类商品信息,向消费者传递商品的价值性。除此之外,商品信息描述图还可以展示商品的促销活动与优惠政策,以及商品的各类关联推荐等营销要素,常见的营销要素包括促销信息、促销标签、优惠信息、奖励、赠品等。

4. 规格参数图

网店美工在制作详情页时,需要标注一些商品规格参数图(即商品详细参数图)主要用于标准化地展示商品的名称、尺寸、颜色、数量、容量等内容,以便消费者准确把握商品的规格参数。

5. 细节放大展示图

对于商品的细节,一般使用细节图片+文字穿插的方式来进行全方面的介绍,如商品的图案、做工、功能等,通常用1~2屏进行展示。设计这个板块时,网店美工可以采用整体加局部或重复的手法。整体加局部的手法,是指用一张整体大图搭配多张放大细节的小图,浓缩卖点,这样既能展现整体又可以呈现细节(图4-46)。

图 4-46

6.商品配送及售后图

商品配送及售后图主要包括商品的包装、服务承诺、品质保障、7天无理由退换货等信息,其目的是用真挚的服务打消消费者购物的顾虑,促使消费者购买商品(图 4-47)。

图 4-47

4.3.3 详情页设计的前期准备

详情页的设计过程就像一个完整的销售过程。网店美工在设计详情页之前,需要深入了解商品,进行市场调查,分析调查结果,确定设计思路,以制作出能激发消费者的购买欲望,赢得消费者对商家的信任,打消消费者的顾虑,促使消费者下单的优质详情页。

1. 深入了解商品

详情页的设计离不开商品本身,所以网店美工一定要对商品有深入的了解。网店美工只有真正了解商品的用途,才会知道如何激发消费者的购买欲望。要设计出优秀的详情页,网店美工不仅需要了解商品的价值点,更需要站在消费者的角度去思考。

2. 进行市场调查

进行市场调查可以有效掌握商品行情,正所谓"知己知彼,百战不殆"。网店美工设计详情页之前一定要充分进行市场调查,如同行业调查、市场趋势调查、消费者调查等,要最大限度地掌握目标消费者的消费能力、喜好及消费者购买商品时所在意的问题等。做好上述调查,对网店美工合理设计详情页有重要作用。

3. 分析调查结果,确定设计思路

根据市场调查结果及自己对商品的系统了解进行归纳总结,网店美工可以罗列出消费者所在意的问题、同类商品的优缺点,以及自身商品的定位,挖掘自身商品与众不同的卖点,以确定商品的消费群体。根据分析结果、商品卖点、以及商品定位,网店美工可以确定详情页的展示内容,准备设计素材并确定详情页的色彩、字体、排版布局等。

实践任务

线上购买甜橙的消费者十分注重甜橙的味道、是否多汁、果皮的厚薄、新鲜程度、种植环境等,小影结合商品详情页各组成板块的特点和消费者的需求进行分析后,确定了甜橙详情页的内容。

要点	内容
商品焦点图	主要展示甜橙香甜多汁、果肉新鲜
商品卖点图	主要展示甜橙新鲜有机、美味营养、爽口多汁的卖点
商品信息描述图	主要展示甜橙的种植基地环境、生长方式、以及采摘的过程等产地相关信息
规格参数图	主要展示甜橙的品牌、净含量、保质期、味道、口感等信息
细节放大展示图	主要展示果肉、果味等细节
商品配送及售后图	主要展示甜橙的发货、退货、赔付等问题

商品详情页的制作是一项系统且完整的工作,为了制作出能激发消费者的购买欲望、赢得消费者的信任、打消消费者的疑虑、促使消费者下单的商品详情页,小影根据甜橙的相关信息,梳理出甜橙详情页的整体设计思路。

第一步：提炼商品卖点。

甜橙是具有强烈地域特色的农产品，其消费群体具有亲近自然、追求绿色健康的生活方式等特点。综合商家提供的信息，小影将该款甜橙的卖点归纳为新鲜、美味营养、爽口多汁等。

第二步：确定设计风格。

商品详情页的设计风格可根据商品的特点进行选择，柑橘朴实、自然，其商品详情页可以选取与柑橘本身意境匹配的、能够传递清新自然之感的风格。

第三步：准备设计素材。

设计素材一般包括商品的实拍图（如产地图、采摘图片、细节图片等），以及从网络上下载的符合设计风格的背景素材、装饰素材和其他素材等。

第四步：确定配色方案。

甜橙的果肉和果皮均为橙色，有少量绿色点缀，此柑橘详情页的主色可确定为橙色，与少量的绿形成对比，再将白色作为部分文字的颜色以突显信息。

第五步：选择合适的字体。

柑橘详情页中包含大量的介绍文字，为了使这些信息便于识别，可选择"方正特粗光辉简体""方正艺黑简体""黑体"等字体，并调整文字的大小、粗细、颜色，区分不同的信息层级。焦点图、配送及售后图中需要突出展示大标题，以加深消费者对文字内容的印象，同时使画面更具层次感。

第六步：制作商品详情页。

商品详情页使用竖向版式，一般直接在Photoshop中制作。因此，在制作柑橘详情页时，可在Photoshop中创建宽度为750像素的竖版文件，制作甜橙详情页中的每个板块，同时采取竖向卡片式布局，尽量减少图片并排。

思政小课堂

为了规范化管理网店和商品，给消费者提供良好的浏览体验，主流电商平台对商品详情页中的内容制订了一系列规范。例如，淘宝网规定商品描述中对商品的性能、功能、产地、用途、质量、成分、价格、生产者、有效期限、承诺等应当准确、清楚地表示；法律法规或行业规范中要求明示的内容，应当显著、清晰地表示，如食品、化妆品类的临保商品应明示质保期或过期时间等。网店美工在制作商品详情页时，应严格遵循设计规范，养成良好的职业素养。

甜橙的商品焦点图需要展现出甜橙香甜多汁、果肉新鲜的特点。为了达到这种效果，小影听取了老张的意见，准备先合成焦点图背景，营造新鲜、温暖的氛围；再抠取甜橙图像，并将其展示在背景中央以突出强调；最后设计文字和装饰形状，丰富焦点图画面，使其更美观、吸睛。

1. 焦点图制作

步骤1：启动Photoshop，新建大小为"750×1000像素"、分辨率为"72像素/英寸"、名称为

"焦点图"的文件(图4-48)。

图 4-48

步骤2：选择"渐变工具"口，在工具属性栏中设置渐变颜色为"♯fbf9ca～♯ffc066"，单击"径向渐变"按钮口，将鼠标指针移至图像编辑区中央，按住鼠标左键不放并向图像编辑区边缘拖曳鼠标，然后释放鼠标左键，填充背景(图4-49)。

图 4-49

步骤3：选择"钢笔工具"绘制如下图案，颜色为♯fecd7d，效果如图4-50所示。

项目4　开展农产品美工图文排版　103

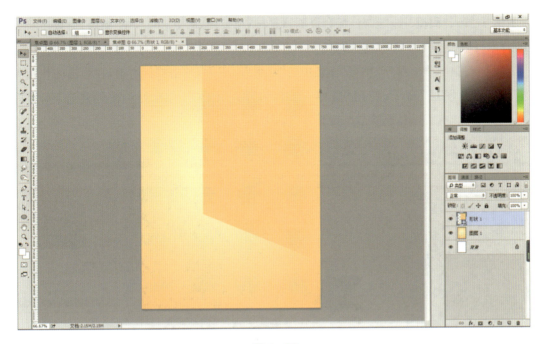

图 4-50

步骤 4：继续使用"钢笔工具"绘制如下形状，颜色为♯ffddd8，然后为该图层执行"栅格化"命令，在菜单栏中找到"滤镜"→"模糊"→"高斯模糊"命令，数值为 80，效果如图 4-51 所示。

图 4-51

步骤5:置入"甜橙.jpg"素材(配套资源:\素材\项目四\甜橙.jpg),在"图层"面板中将其拖曳至"背景"图层上方。

步骤6:将鼠标指针移至"图层"面板中的"甜橙"图层上,单击鼠标右键,在弹出的快捷菜单中选择"栅格化图层"命令,使用"魔棒工具",在图像的空白背景处单击创建选区,然后按【Delete】键删除空白区域,删除后的背景效果如图4-52所示。

图 4-52

步骤7:按【Ctrl+D】组合键关闭选区后,按【Ctrl+T】组合键,使用自由变换选框工具调整大小,并放置到合适的位置,并将图层命名为"橙子"。

步骤8:双击"橙子"图层,打开图层样式,勾选"投影"命令,并进行参数调节(图4-53)。

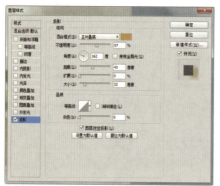 

图 4-53

步骤9：置入"甜橙1.jpg"和"甜橙2.jpg"素材（配套资源：\素材\项目四），在"图层"面板中将其拖曳至"背景"图层上方，调整大小和位置，如图4-54所示。

图 4-54

步骤10：置入"果汁.jpg"素材（配套资源：\素材\项目四），在"图层"面板中将其拖曳至"橙子"图层下方，调整大小和位置，调整图层的不透明度为50%，如图4-55所示。

图 4-55

步骤11：使用"文字工具"添加文字"高山甜橙"，字体为方正特粗光辉简体，字号为122，颜色为♯fc8a25，效果如图4-56所示。

图4-56

步骤12：继续使用"文字工具"添加文字"橙意来袭"，字体为方正正纤黑简体，字号为64，颜色为白色，并打开图层样式，勾选"投影"命令，混合模式的颜色为♯d46808，进行参数设置（图4-57）。

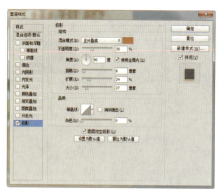

图4-57

步骤13：使用"圆角矩形工具"绘制一个圆角矩形，按【Ctrl+J】拷贝两次，并调整位置，如图4-58所示。

项目4　开展农产品美工图文排版　107

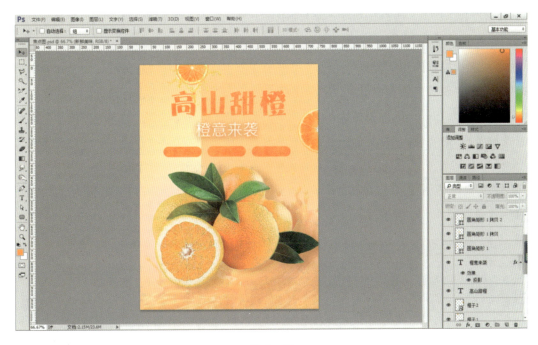

图 4-58

步骤 14：使用"文字工具"输入如下文字，字体为方正正中黑简体，字号为 24，颜色为白色，如图 4-59 所示。

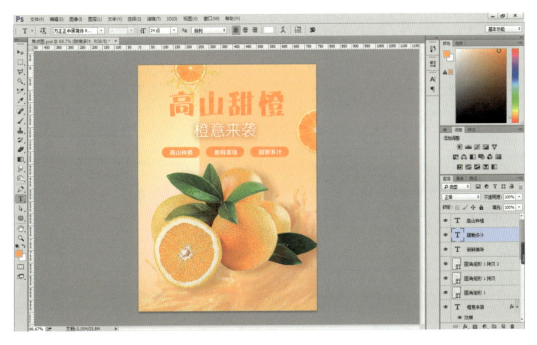

图 4-59

步骤15:按Ctrl+S组合键保存文件(甜橙配套资源:\素材\项目四\任务三\焦点图)

2.卖点及细节图制作

小影从客户提供的相关资料中总结了甜橙的3个主要卖点——"新鲜可口""美味营养""爽口多汁",为了直观地展示这些卖点,小艾准备以"卡片+图标"的形式进行设计。

步骤1:启动Photoshop,新建大小为"750×3600像素"、分辨率为"72像素/英寸"、名称为"卖点及细节图"的文件。

步骤2:设置背景色为"#f9b149",按【Ctrl+Delete】组合键填充背景。

步骤3:选择"矩形工具",在属性栏将填充切换为无,描边设置为白色,数值为5,绘制三个矩形框,效果如图4-60所示.

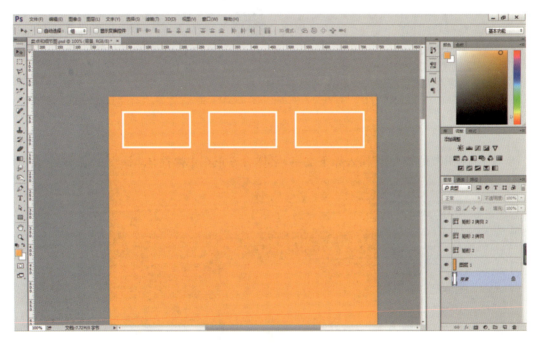

图4-60

步骤4:选择"文字工具",输入如图4-61所示的文字,字体为黑体,颜色为白色,调整文字的大小和位置。

项目4 开展农产品美工图文排版

图 4-61

步骤 5：选择"矩形工具"，填充为白色，绘制一个矩形，选择"多边形工具"将边数修改为"3"，绘制一个三角形，效果如图 4-62 所示。

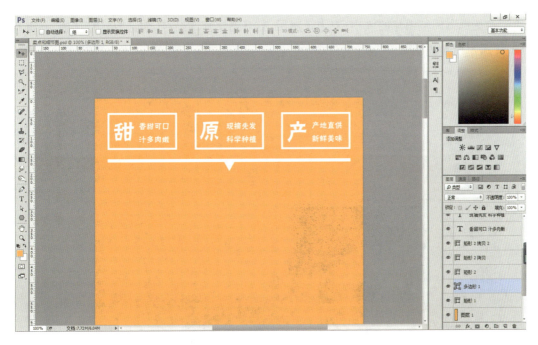

图 4-62

步骤6：选择"文字工具"，输入文字"来自阳光下的橙"，字体为方正艺黑简体，字号为70，颜色为白色，继续输入"被阳光宠溺过的甜橙，吃到嘴里的每一口都很香甜 在果园里吸收自然的阳光和纯净的雨露"，字体为黑体，效果如图4-63所示。

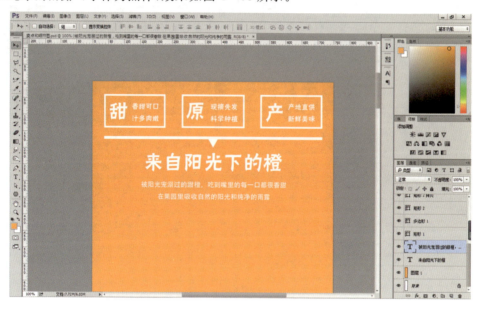

图4-63

步骤7：置入"橙子产地1.jpg"素材（配套资源：\素材\项目四），按【Ctrl+T】组合键打开"自由变换选框"，调整图片的大小；双击该图层，打开图层样式命令，勾选"描边"选项，并进行如图4-64所示的参数调整。

图4-64

步骤8:继续置入"橙子产地2.jpg"素材和"橙子产地3.jpg"素材,用同样的方式进行上一步的操作,完成效果如图4-65所示。

图4-65

步骤9:选择"椭圆工具",绘制一个椭圆,并在图层样式中勾选"描边"命令,进行如图4-66所示的参数设置。

图4-66

步骤10:选择"文字工具"输入文字"产地现摘",字体为黑体,颜色为白色,调整到合适位置(图4-67)。

图 4-67

步骤11:按照上一步操作,继续完成"橙子产地2"图层和"橙子产地3"图层的形状效果(图4-68)。

图 4-68

步骤12:选择"文字工具",输入文字"种植基地实拍,收获的季节,好橙挂枝头""日照时间长,土壤肥沃,天然生长无污染""橙子甜度高,个个鲜美柔嫩多汁",字体为黑体,颜色为白色,调整到合适位置(图4-69)。

项目4　开展农产品美工图文排版　113

图 4-69

步骤13：置入"汁水.jpg"素材（配套资源：\素材\项目四），并调整到合适的位置（图 4-70）。

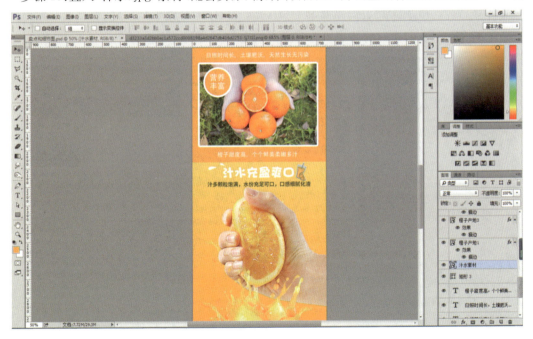

图 4-70

步骤14：选中"汁水"图层，在图层面板中点击"图层蒙版"按钮，为"汁水"图层新建一个图层蒙版，在工具刊中选择"画笔"工具，在属性栏中选择"柔边缘"画笔，修改前景色为"黑色"，在汁水素材的最下边边缘轻轻涂抹,使得素材产生柔和过渡效果,如图4-71所示。

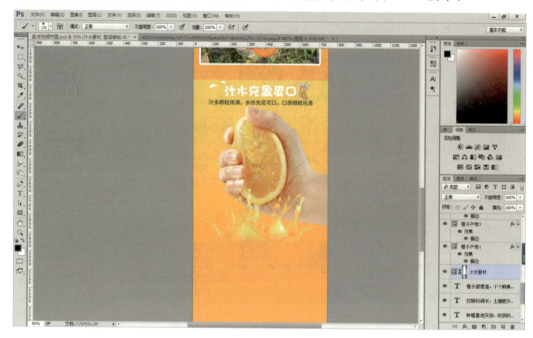

图4-71

步骤15:置入"切开橙子.jpg"素材和"果汁.jpg"素材(配套资源:\素材\项目四),调整到合适的位置,将"果汁.jpg"素材的图层不透明度调整为50%(图4-72)。

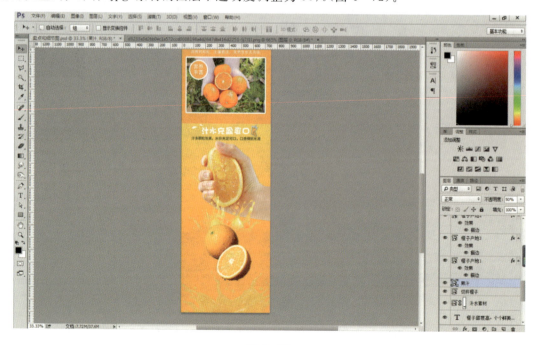

图4-72

步骤16：选择"椭圆工具"，绘制一个椭圆，颜色为白色，并复制三个，调整大小和位置关系，如图4-73所示。

图4-73

步骤17：选择"文字工具"分别输入文字"维生素C""柠檬酸""膳食纤维""胡萝卜素"并调整大小到合适的位置（图4-74）。

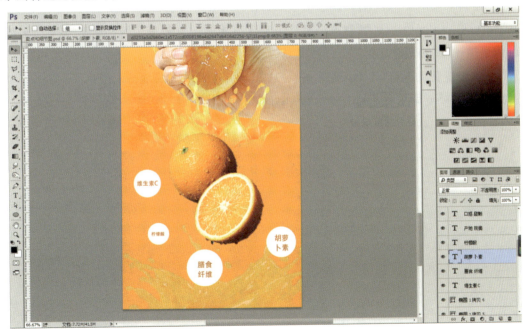

图4-74

步骤18：选择"钢笔工具"绘制两条白色曲线，效果如图4-75所示。

图4-75

步骤19：卖点和细节图制作完成，按【Ctrl+T】组合键保存文件（配套资源：\素材\项目四\卖点和细节图）。

3.商品信息描述图制作

步骤1：启动Photoshop，新建大小为"750×1400像素"、分辨率为"72像素/英寸"、名称为"商品信息描述图"的文件。

步骤2：设置背景色为"#faa220"，按【Ctrl+Delete】组合键填充背景。

步骤3：选择"文字工具"，输入文字"高山甜橙小档案"，字体为方正艺黑简体，字号为60，颜色为白色（图4-76）。

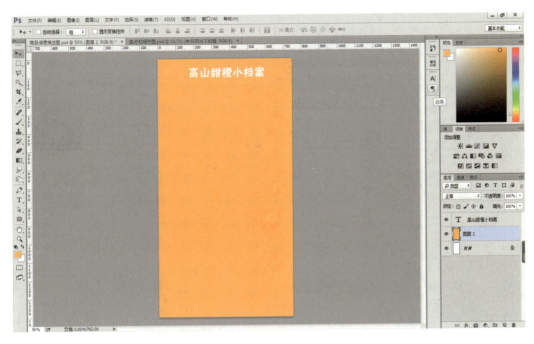

图 4-76

步骤4：置入"产地背景.jpg"素材和"橙子小图"，调整大小至合适的位置（图 4-77）。

图 4-77

步骤5：选择"圆角矩形"工具，绘制一个圆角矩形，并将该图层的不透明度降低至50％（图

4-78)。

图 4-78

步骤 6：选择"钢笔工具"，在矩形上绘制一条直线，在属性栏将填充修改为无，设置描边颜色为♯fc8a25，描边大小为 4，描边选择为虚线（图 4-79）。

图 4-79

步骤7:选择"文字工具",输入产品信息及注意事项等文字内容,完成效果如图4-80所示。

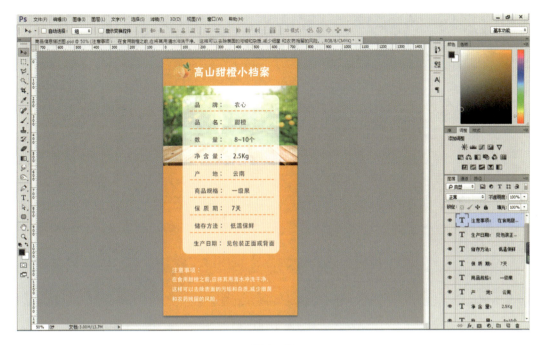

图 4-80

步骤8:商品信息描述图制作完成,按【Ctrl+S】组合键保存文件(配套资源:\素材\项目四\商品信息描述图)。

4.商品配送及售后图设计与制作

步骤1:启动Photoshop,新建大小为"750×1507像素"、分辨率为"72像素/英寸"、名称为"商品配送及售后图"的文件。

步骤2:设置背景色为"#faa220",按【Ctrl+Delete】组合键填充背景。

步骤3:选择"文字工具",输入文字"配送及售后",字体为方正艺黑简体,字号为60,颜色为白色。

步骤4:选择"矩形工具",填充为白色,绘制一个矩形,选择"多边形工具"将边数修改为"3",绘制一个三角形,效果如图4-81所示。

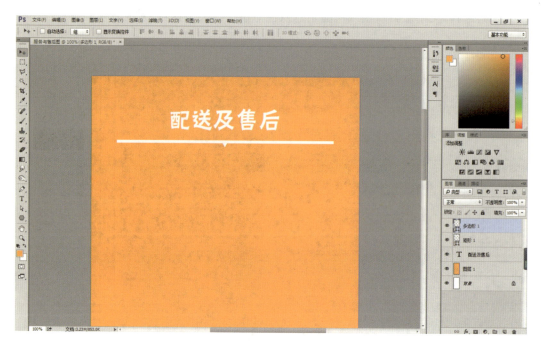

图 4-81

步骤5：选择"文字工具"，在图像编辑区进行拖拽，绘制一个文本框，并输入相关文字，字体为黑体，字号为30，颜色为白色（图 4-82）。

图 4-82

步骤6:选择"钢笔工具",绘制如图4-83所示的形状。

图4-83

步骤7:选择"文字工具",输入相关文字,字体为方正艺黑简体,字号为40,颜色为#ed8e02,效果如图4-84所示。

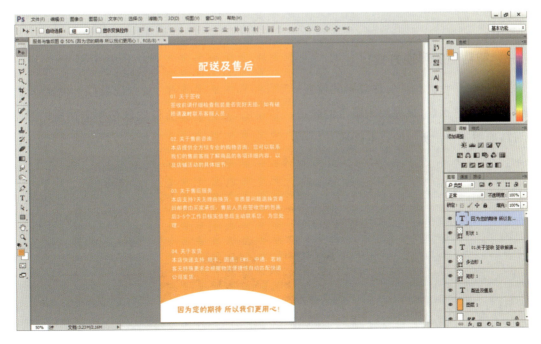

图4-84

步骤 8：配送及售后图制作完成，按【Ctrl+S】组合键保存文件（配套资源：\素材\项目四\配送及售后图）。

任务 4.4　开展农产品营销推广图片图文排版

任务描述

在网店未进行推广的情况下，消费者浏览到该网店商品的概率特别小。所以，如果想要商品有充足的曝光率，需要让它"浮出水面"。网店营销推广是指网店通过各种宣传方式让更多的消费者看到并进入自己的网店，认识其中的商品，并通过各种方式让消费者购买商品。老张继续让小影为农产品网店设计营销推广图片。为了更好地利用宣传图片去进行广告营销和品牌塑造，充分挖掘营销推广图片的潜力和价值，小影先对网店营销常用的智钻图、直通车图等推广图的设计和制作方法进行了梳理。

4.4.1　智钻图的视觉设计

智钻是淘宝网提供的一种付费推广方式，是淘宝网图片类广告竞价投放平台。其本质是一种营销手段，就是依靠图片创意，帮助卖家吸取更多人气，获得新流量的一种方法。智钻图是在智钻展位上展示用以吸引消费者注意力的图片，下面对智钻图的展现方式、投放步骤、设计要点进行介绍。

一、智钻图的展现方式

通常电商平台会在页面最显眼的位置展现用于引流的智钻图。智钻图类似于小型海报，消费者打开淘宝首页后，最先映入眼帘的就是一张大图，这张大图的位置就是淘宝站内的智钻图展示位，如图 4-85 所示的红框区域。

图 4-85

二、智钻图的投放步骤

网店进行智钻推广之前,需要进行全面的考察和详细的策划,明确推广的目的和策略。智钻图的投放需要经过以下几个步骤:

◆开通钻展并充值。天猫网店和网店等级在一钻以上的淘宝C店可以开通钻展选择投放的资源位。资源位就是广告的投放位置。智钻资源位的优劣决定了推广能否成功,一个好的资源位可以提升网店的流量和销量。

◆制作智钻图。根据资源位的尺寸制作智钻图。

◆上传智钻图,等待审核通过。等待审核时需要有耐心,一般需要几个小时。

◆新建计划,填写相关信息。计划的内容包括计划类型、竞价方式、计划名称、投放日期等。计划类型分为智能投放和常规投放。在智能投放下,商家只需要上传智钻图,其他都交由系统托管,系统会自动投放。在常规投放下,商家可以自行选择定向人群、资源位和设置出价等,可操作空间大;除此之外,商家还可以设置详细的投放地域、投放时段和投放方式等。

◆选择定向人群,设置出价。选择定向人群时应避免把智钻图投放给刚买过网店商品的消费者。具体的资源位的竞价,可以是市场平均价格或者是市场平均价格的70%~80%,也可以按照市场平均价格的50%出价,然后再慢慢加价。

◆正式投放智钻图。完成所有准备后即可正式投放智钻图。

三、智钻图的设计要点

智钻图位置众多且尺寸各异,因此在制作智钻图时,网店美工要根据其位置、尺寸等信息进行调整,并采取合适的方式进行设计。虽然智钻图的位置和尺寸不同,但其设计要求基本一致,下面进行详细介绍。

(1)主题突出。智钻图一定要有亮点、突出主题,才能够吸引更多消费者浏览。推广展示的过程必须有一个明确的主题,所有的元素都必须围绕这个主题。智钻图的主题可以是商品,可以是创意方案,还可以是消费者需求。

(2)目标明确。推广通常分为品牌推广、单品推广和活动推广。品牌推广需要明确品牌定位,通过智钻推广打响品牌名声,为以后的品牌推广增加人气。单品推广是把一个单品打造成热销款,再通过该单品带动整个网店商品的销售。活动推广适合一些有活动运营能力的商家。网店参与大型节日活动,并以投放智钻图的形式推广,可以在短时间内大量引流,从而提高网店商品的销量。在智钻图的设计与制作过程中,网店美工需要先明确推广目标,然后进行素材的选择和智钻图的设计,这样才能有效提高智钻图的点击率和转化率。

(3)形式美观。美的东西往往更具有吸引力,形式美观的智钻图更能使消费者产生好感,进而提高点击率。在选择好素材、规划好创意后,适当地美化智钻图尤为重要。同时,网店美工需要在排版、配色、字体和标签的选择等方面,让智钻图符合主题。

4.4.2 直通车图的视觉设计

直通车推广能精准地将商品信息推送给潜在消费者,给网店带来巨大的流量。

一、直通车图的投放位置

直通车图可以投放在淘宝平台的各个地方,如"掌柜热卖"板块等。图4-86为关键词搜索结果页底部的"掌柜热卖",消费者点击直通车图即可进入对应的网店或详情页。

图4-86

二、直通车图的投放目的和策略

直通车图的投放目的是将商品推送给潜在消费者,为商品和网店带来流量,以取得网店想要的营销效果,所以不仅要让消费者点击直通车图,而且要考虑其转化率。直通车图的投放策略可以是单品引流,也可以是网店引流。单品引流侧重于传递单个商品的信息或销售诉求,以销售转化为最终目的;网店引流侧重于宣传品牌,通过集中引流再分流的方式,实现流量的价值最大化。此外,网店引流一般会以主题促销、活动或类目专场等方式呈现。

三、直通车图的设计要点

直通车图就是直通车展位上的图片,直通车图的尺寸和主图的尺寸一致,其设计也类似于主图的设计,但更加注重视觉效果。部分商家为了引导消费者进入网店购买商品,提高网店的动销率,会把热销商品的主图直接放到直通车展位上。优质的直通车图是网店吸引流量、提高点击率和转化率的必要条件,也是视觉设计的关键。网店美工在设计直通车图时除了要注意其美观性之外,还应注意以下几点。

(1)针对消费群体确定设计风格。确定推广商品的消费群体,同时分析他们的喜好,以确定设计风格和色彩定位。例如,推广的是少女服饰,因此消费群体是年轻女性,在设计风格上尽量要可爱,在色彩定位上则应采用活泼鲜艳的色调。

(2) 分析消费者的消费能力,确定促销方式。分析消费者的消费能力,这样就可以确定以什么样的促销方式来吸引消费者。

(3) 从竞争对手处找到差异卖点。网店美工通过分析消费者的偏好来确定卖点,从竞争对手处找到差异卖点,通过文案将其合理地表现出来。

4.4.3 农产品营销推广图片设计实践

直通车图的优劣决定了直通车推广能否成功,小影为"农心"农商品公司的草莓设计了促销直通车推广图,首先她与电商公司进行了沟通,记录了设计诉求,同时又根据产品的特征,最终确定了设计思路。具体操作步骤如下。

步骤1:启动 Photoshop,新建大小为"800×800 像素"、分辨率为"72 像素/英寸"、名称为"草莓-直通车图"的文件。

步骤2:选择"渐变工具"口,在工具属性栏中设置渐变颜色为"♯e3ef7f～♯ff9db7",单击"径向渐变"按钮口,将鼠标指针移至图像编辑区中央,按住鼠标左键不放并向图像编辑区边缘拖曳鼠标,然后释放鼠标左键,填充背景,如图4-87所示。

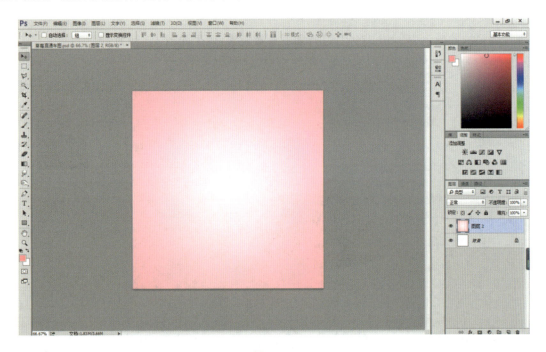

图 4-87

步骤3:置入"草莓1.jpg"素材,调整大小及位置,双击图层,打开"图层样式",勾选"投影"

命令,混合模式的颜色为"♯fb5241",进行如下参数设置,效果如图4-88所示。

图4-88

步骤4:置入"草莓2.jpg"素材,调整大小及位置,双击图层,打开"图层样式",勾选"投影"命令,混合模式的颜色为"♯fb5241",进行如下参数设置,效果如图4-89所示。

图4-89

步骤5：选择"矩形工具"，绘制矩形形状，颜色为"♯fc7b9c"，继续选择"椭圆工具"，绘制椭圆，颜色为"♯dd3625"，选择"圆角矩形工具"，绘制圆角矩形，颜色为"♯ffffff"，效果如图4-90所示。

图4-90

步骤6：选择"文字工具"，输入如下文字，字体分别为方正艺黑简体和黑体，效果如图4-91所示。

图4-91

步骤7:"草莓-直通车推广图"设计制作完成(图4-92),按【Ctrl+S】组合键保存文件(配套资源:\素材\项目四\草莓-直通车图)。

图4-92

项目 5　设计农产品线上平台营销图片

经过几个月的工作,小影通过认真对待每次设计实践,并向有经验的同事请教学习,积累了不少网店美工设计经验的同时,网店视觉设计与制作能力也提高了许多,于是老张准备将一些网店整店视觉设计项目交给小影。例如,京东、拼多多、天猫等电商平台的不同商品品类的网店整店视觉设计,其中包括水果、农副产品、花卉等诸多项目。小影十分认真地对待这些网店整店视觉设计实战项目,这是她在成为一名优秀的网店美工的过程中必不可少的经验。

项目目标

- 掌握常见农产品类别的 Banner 图、主图、详情页的设计规范和设计要点;
- 能够根据不同类别不同产品设计不同风格的美工图片;
- 遵守电商平台规则,实事求是,不做虚假宣传;
- 提升审美素养,提高设计与制作能力。

任务 5.1　设计水果类农产品美工图片

任务描述

最近正是阳光玫瑰葡萄上市的季节,电商设计部让小影给"农心"电商的阳光玫瑰进行线上平台营销图片的设计。小影准备先熟悉品牌背景,了解品牌形象,然后收集资料和设计素材,确定设计风格和配色方案,最终完成美工图片的设计与制作。

5.1.1　"农心"电商品牌概况

"农心"品牌主要经营水果、蔬菜的种植及销售等,以生态农业开发为基础,以"回归自然,绿色健康"为理念,致力于打造生态、绿色、创新的农产品示范品牌。近几年,"农心"品牌逐步开启"互联网＋农业＋品牌"的经营模式,全面布局线上、线下、新零售多个渠道,以创新精神不断增强品牌效能,为人们的美好生活创造价值。

5.1.2 农产品阳光玫瑰

阳光玫瑰葡萄,是葡萄科葡萄属植物(图5-1)。阳光玫瑰葡萄因果实含糖量较高,果肉鲜脆多汁,鲜食品质极优,有玫瑰香味,故名阳光玫瑰。其根系发达;嫩梢绿色、无绒毛,新梢嫩尖叶多为浅白色、带绒毛,新梢成熟后为黄褐色;叶片大,扇形中厚;两性花,果肉较软,有浓郁的玫瑰香味;三月上旬萌芽,五月上旬开花;八月中旬果实开始成熟。

图5-1

阳光玫瑰葡萄原产于日本,在中国陕西、新疆、甘肃、云南和宁夏等地区均有种植。阳光玫瑰葡萄喜肥水、抗性差、怕渍水,适宜在地势平坦、土壤肥沃、土层深厚、透水性和保水性良好的沙质壤土生长。阳光玫瑰葡萄采用嫁接栽培。阳光玫瑰葡萄属于农业经济作物,可形成农作物园区,能带动旅游行业的发展,形成具有地域特色的绿植旅游业。葡萄是多种产品的重要原料,可以发展以葡萄为原料的其他关联产业,如红酒、葡萄干等,对经济发展具有重大的推动作用。

5.1.3 整理设计素材

阳光玫瑰的设计素材主要包括实拍图和装饰图,实拍图由客户提供,包括农产品和产地的实拍图。而装饰图可以通过网络进行搜集,主要包括与农产品风格相符的背景图、绿叶、木牌、果蔬篮等,还有一些装饰页面的其他素材。

5.1.4 确定设计风格

"农心"网店销售的农产品均为天然绿色食品,且阳光玫瑰葡萄产品本身也是绿色,因此,设计的主色调以充满生机的"绿色"为主,并以黄绿色、蓝色为辅助色来丰富画面。

一、水果类农产品 Banner 图的设计

步骤1:打开 Photoshop,新建一个大小为"750×390像素",分辨率为"72像素/英寸"的文档。

步骤2:新建一个图层,命名为"背景",选择"渐变工具",在工具属性栏中设置渐变颜色为"♯fffdfea~♯9dd66b~♯f0f894",单击"线性渐变"按钮口,将鼠标指针移至图像编辑区中央,按住鼠标左键从图像编辑区的左边向右边缘拖曳鼠标,然后释放鼠标左键,填充背景,如图5-2所示。

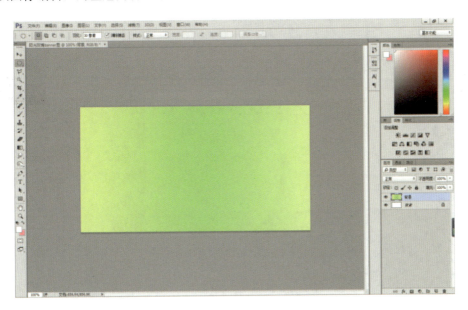

图 5-2

步骤3:新建一层,命名为"白色光",选择"椭圆选区"工具,在属性栏中,设置羽化30像素,在图像编辑区绘制一个椭圆形选区,设置前景色为白色,进行填充,并将该图层的不透明度设置为50%,如图5-3所示。

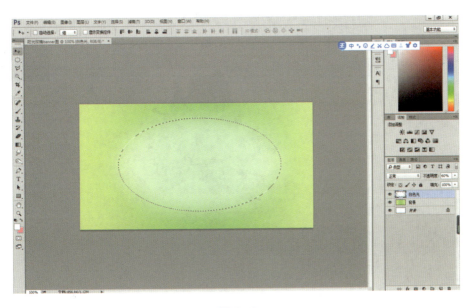

图 5-3

步骤4:选择"椭圆"工具,绘制一个椭圆,颜色为白色,同时复制一个,调整颜色为#a0ce46,并移动至白色椭圆的下层,向右下方移动位置,效果如图5-4所示。

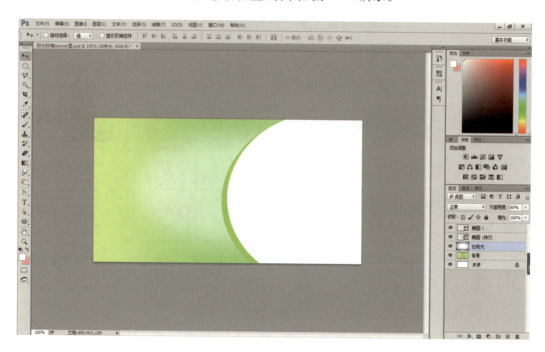

图5-4

步骤5:置入"阳光玫瑰.jpg"素材,调整大小,并放置到合适的位置,效果如图5-5所示。

图5-5

步骤6：选择"矩形"工具，绘制一个矩形，颜色为♯343131，再复制一个，修改颜色为♯daec7d，添加描边效果，描边颜色为♯343131，描边大小为2像素，效果如图5-6所示。

图5-6

步骤7：选择"文字工具"添加"阳光玫瑰葡萄上市"文字效果，颜色为♯daec7d，字体为阿里巴巴普惠体，字号为67点，效果如图5-7所示。

图5-7

步骤8：继续选择"文字工具"添加"YANGGAUNGMEIGUI"文字效果，颜色为白色，并将图层的不透明度调整到20%，复制一层，调节大小和位置，如图5-8所示。

图5-8

步骤9：选择"椭圆"工具，绘制一个椭圆，颜色填充为无，添加描边效果，描边颜色为♯343131，描边大小为0.5像素，同时选择文字工具，添加"农心"两个字，字体为阿里巴巴普惠体，颜色为♯343131，效果如图5-9所示。

图5-9

步骤10：阳光玫瑰 Banner 图设计制作完成，按【Ctrl+S】组合键保存文件（配套资源：\素材\项目五\阳光玫瑰 Banner 图）。

二、水果类农产品主图设计

步骤1：启动 Photoshop，新建大小为"800×800 像素"、分辨率为"72 像素/英寸"，名称为"阳光玫瑰主图"的文件。

步骤2：新建图层，修改前景色为♯abda72，按【Ctrl+Delete】组合键填充背景，效果如图 5-10 所示。

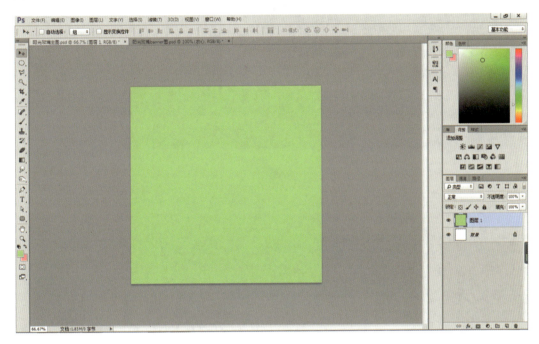

图 5-10

步骤3：置入"阳光玫瑰主图.jpg"素材，调整大小，移动到合适的位置，效果如图 5-11 所示。

步骤4：选择"圆角矩形"工具，圆角半径为 30 像素，颜色为白色，绘制圆角矩形，并移动到"阳光玫瑰主图"的下方；右键点击"阳光玫瑰主图"图层，选择"创建剪贴蒙版"，效果如图 5-12 所示。

步骤5：选择"圆角矩形"工具，绘制矩形，颜色为♯abda72，继续选择"文字工具"，输入"现摘现发 坏果包赔"，颜色为♯1a1a1a，字体为"阿里巴巴普惠体"，字号为 54 点，效果如图 5-13 所示。

图 5-11

图 5-12

项目5 设计农产品线上平台营销图片

图 5-13

步骤 6:选择"钢笔工具",绘制如下图形,双击该图层,打开"图层样式",勾选"渐变叠加"命令,并进行如下参数设置,在"渐变编辑器"中设置渐变颜色"♯f6f88f～♯fcfed3～♯f6f284",勾选"描边"命令,描边大小为6像素,颜色为白色,参数如图 5-14(a)所示,效果如图 5-14(b)所示。

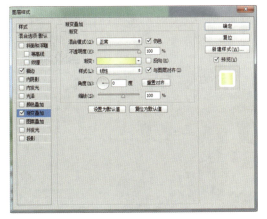

(a)

(b)

图 5-14

步骤 7：选择"文字工具"，输入"活动到手价："和"￥88 元"的文字信息，效果如图 5-15 所示。

图 5-15

步骤 8：选择"圆角矩形"工具，绘制矩形，颜色为♯1a1a1a，并在属性面板中进行调节，将右上角和右下角的圆角半径参数修改为 0，选择"文字工具"，输入"下单立减 20 元"，字体为阿里巴巴普惠体，字号为 35 点，颜色为白色，参数如图 5-16(a)所示，效果如图 5-16(b)所示。

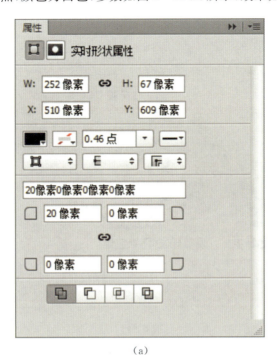

(a)

(b)

图 5-16

步骤9：选择"椭圆工具"，绘制一个椭圆，颜色为♯f7f38f，选择"文字工具"，输入"5斤装"，字体为阿里巴巴普惠体，字号为50点，颜色为♯1a1a1a，效果如图5-17所示。

图 5-17

步骤10：选择"文字工具"，输入"阳光玫瑰葡萄"，字体为阿里巴巴普惠体，颜色为♯5e9f1f，字号为58点，并双击该图层，打开"图层样式"，勾选"外发光"命令，杂色颜色为♯cde25e，继续输入文字"皮薄肉厚　鲜嫩多汁"，字体为阿里巴巴普惠体，颜色为♯5e9f1f，字号为32点，同样进行"外发光"命令，参数如图5-18(a)所示，效果如图5-18(b)所示。

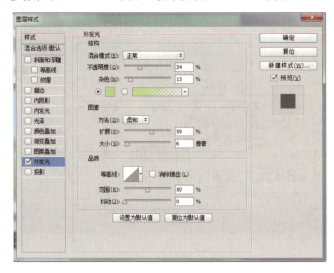

(a)

项目5 设计农产品线上平台营销图片 141

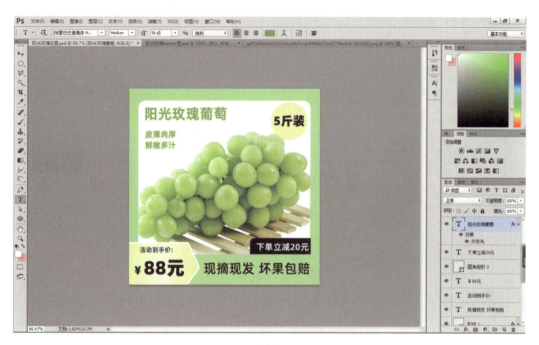

(b)

图 5-18

步骤11:阳光玫瑰主图设计制作完成(图5-19),按【Ctrl+S】组合键保存文件(配套资源:\素材\项目五\阳光玫瑰主图)。

图 5-19

三、水果类农产品详情页设计

1. 焦点图制作

步骤1:启动 Photoshop,新建大小为"750×1500 像素"、分辨率为"72 像素/英寸"、名称为

"阳光玫瑰焦点图"的文件。

步骤2:置入"阳光玫瑰焦点图.jpg",调整大小和位置(图5-20)。

图5-20

步骤3:新建图层,修改前景色为♯759c30,选择"画笔"工具,选择"柔边缘"画笔,大小为400,在图层的上半部分涂抹,并将该图层的不透明度调整为50%,效果如图5-21所示。

图5-21

步骤4：选择"文字工具"，输入文字"阳光玫瑰"，字体为"方正正大黑简体"，字号为143，颜色为#245720，然后复制一层，将"阳光玫瑰拷贝"的文字颜色改为#fcffac，并使用键盘上的上下左右方向键，将"阳光玫瑰"文字向右平移5像素，向上平移5像素，效果如图5-22所示。

图 5-22

步骤5：选择"文字工具"，输入文字"葡萄界的'爱马仕'"，字体为"方正正黑简体"，字号为50，颜色为白色，效果如图5-23所示。

图 5-23

步骤6:选择"矩形"工具,绘制一个矩形,颜色为♯197000,复制两个矩形,选择"文字工具"依次输入"阳光充足""无籽脆甜""生态种植",字体为方正正黑简体,字号为29点,颜色为白色,效果如图5-24所示。

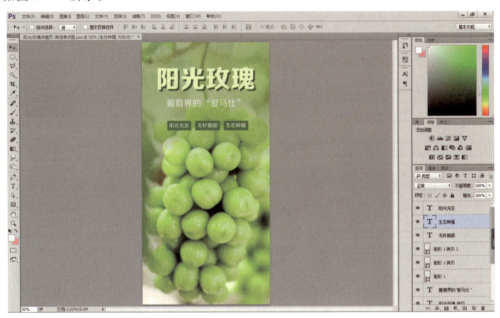

图5-24

步骤7:置入"顺丰包邮标签.jpg",调整大小,放置到合适位置,效果如图5-25所示。

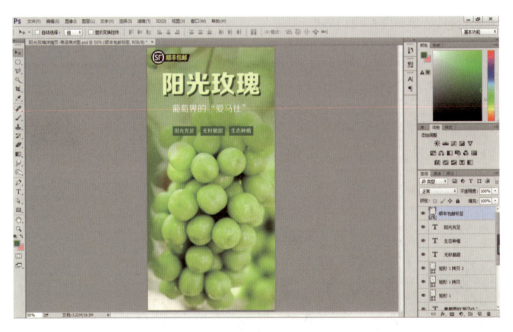

图5-25

步骤8:选择"钢笔工具",在属性栏中切换为"路径"命令,绘制如图5-26所示的路径效果。

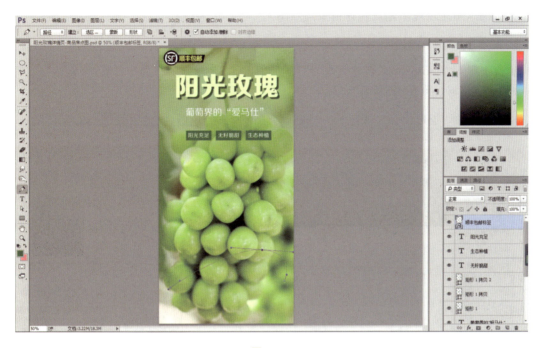

图5-26

步骤9:选择"文字工具",将鼠标光标移动至路径的起点处,单击输入文字"每一颗都是阳光的味道!"字体为方正正大黑简体,字号为50点,颜色为白色,效果如图5-27所示。

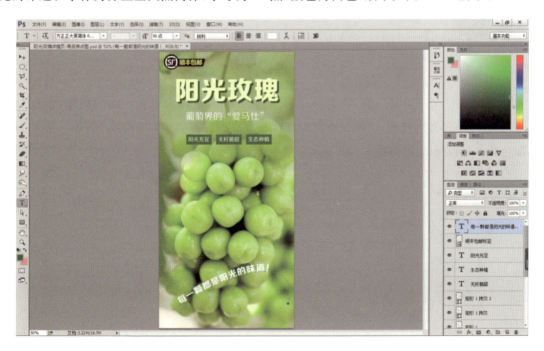

图5-27

步骤10：阳光玫瑰详情页焦点图设计制作完成，按【Ctrl＋S】组合键保存文件（配套资源：\素材\项目五\阳光玫瑰阳光玫瑰详情页焦点图）。

2.卖点及细节图制作

步骤1：启动Photoshop，新建大小为"750×3000像素"、分辨率为"72像素/英寸"、名称为"阳光玫瑰卖点及细节图"的文件。

步骤2：选择"矩形工具"，颜色为♯5b9600，绘制顶部的矩形，效果如图5-28所示。

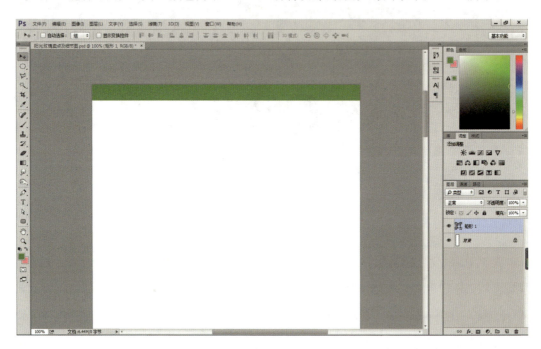

图5-28

步骤3：选择"文字工具"，输入"营养丰富 乐享美味"，字体为方正正大黑简体，字号为51点，颜色为♯6ea033，继续输入"不仅香甜而且富有很高的营养价值"，字体为"黑体"，字号为26点，颜色为♯1c1c1c，效果如图5-29所示。

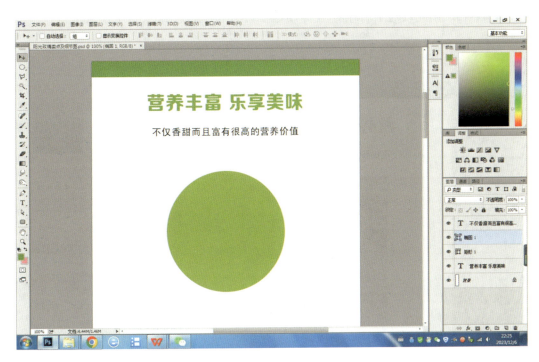

图 5-29

步骤4：选择"椭圆"工具，绘制一个正圆，效果如图 5-30 所示。

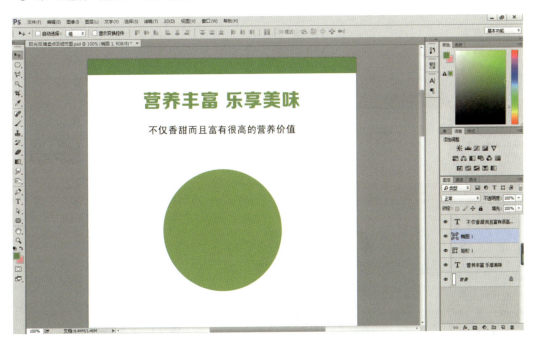

图 16-30

步骤5：置入"阳光玫瑰主图.jpg"素材，调整大小和位置，效果如图5-31所示。

图5-31

步骤6：在"阳光玫瑰主图"图层，单击右键，选择"创建剪贴蒙版"命令，效果如图5-32所示。

图5-32

步骤7:选择"椭圆工具",将填充设置为"无",描边颜色为#85aa44,描边大小为5点,绘制圆,效果如图5-33所示。

图5-33

步骤8:继续绘制如图5-34所示的几个圆。

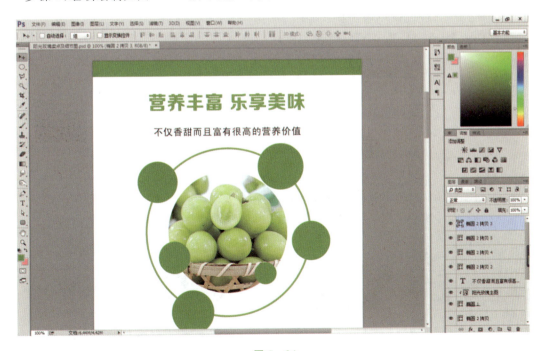

图5-34

步骤9:选择"文字工具",添加如图5-35所示的文字效果。

图5-35

步骤10:选择"文字工具",输入文字"阳光玫瑰　产品实拍",字体为方正正大黑简体,字号为73点,颜色为#6ea033,继续输入文字"用心挑选每一颗葡萄",字体为黑体,颜色为白色;选择"圆角矩形工具"绘制文字下方的圆角矩形,效果如图5-36所示。

图5-36

步骤11：置入三张产地图片，并调整大小和位置，如图5-37所示。

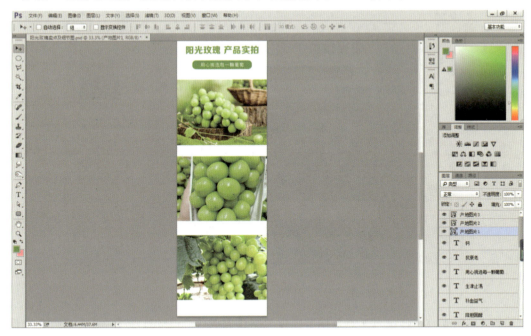

图5-37

步骤12：选择"矩形工具"，绘制如下三个矩形，将其图层的不透明度修改为70%，效果如图5-38所示。

图5-38

步骤13:选择"文字工具",添加如图5-39所示的文字效果。

图 5-39

步骤14:阳光玫瑰详情页卖点及细节图设计制作完成(图5-40),按【Ctrl+S】组合键保存文件(配套资源:\素材\项目五\阳光玫瑰详情页卖点及细节图)。

图 5-40

四、水果类农产品营销推广图片设计

步骤1:启动 Photoshop,新建大小为"800×800 像素"、分辨率为 72 像素/英寸、名称为"阳光玫瑰直通车图"的文件。

步骤2:选择"渐变工具",在工具属性栏中设置渐变颜色为"♯e8f4d2～♯c3d5a8",单击"线性渐变"按钮口,将鼠标指针移至图像编辑区中央,按住鼠标左键不放并从上到下拖曳鼠标,然后释放鼠标左键,填充背景,如图 5-41 所示。

图 5-41

步骤3:置入"阳光玫瑰直通车素材.jpg",调整大小及位置,双击图层,打开"图层样式",勾选"投影"命令,混合模式的颜色为♯6ea02f,进行如图 5-42(a)所示参数设置,效果如图 5-42(b)所示。

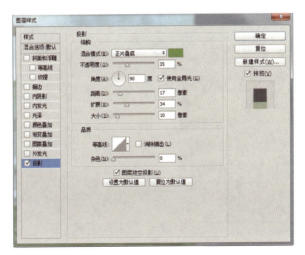

(a)

(b)

图 5-42

步骤 4：置入"水滴.jpg"素材，调整大小及位置，将该图层的混合模式调整为"叠加"，效果如图 5-43 所示。

图 5-43

步骤5：选择"文字工具"，输入"阳"，字体为方正正大黑简体，字号为215点，双击图层，打开"图层样式"，勾选"投影"命令，进行如下设置，正片叠底的颜色为#5b8c23，参数及效果如图5-44所示。

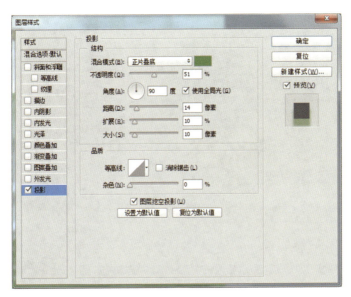

图 5-44

步骤 6：按照上一步操作，继续完成"光""玫""瑰"的设置，效果如图 5-45 所示。

图 5-45

步骤 7：选择"文字工具"，输入"GRAPE"，字体为"方正正大黑简体"，字号为 184 点，颜色为白色，将图层的不透明度调整至 36%，效果如图 5-46 所示。

图 5-46

项目5 设计农产品线上平台营销图片 157

步骤8:置入"顺丰包邮标签.jpg"素材,调整大小及位置,效果如图5-47所示。

图 5-47

步骤9:选择"矩形"和"圆角矩形"工具绘制如图5-48所示的图形。

图 5-48

步骤10：选择"文字工具"添加如图5-49所示的文字。

图5-49

步骤11：阳光玫瑰-直通车推广图设计制作完成（图5-50），按【Ctrl+S】组合键保存文件（配套资源：\素材\项目五\阳光玫瑰直通车图）。

图5-50

任务 5.2　设计农副产品类农产品美工图片

任务描述

电商设计部让小影给"农心"电商的新鲜时蔬进行线上平台营销图片的设计。经过上个任务的实践,小影已经了解了"农心"品牌理念,同时也掌握了水果类农产品的美工设计要领,本次需要设计的是农副产品类,她打算多查阅了解农副产品类的设计风格,最终完成美工图片的设计与制作。

农副产品是由农业生产带来的副产品,包括农、林、牧、副、渔五个大产业,其中最常见的农副产品包括粮食、经济作物、竹木材、工业用油、禽畜产品、蚕茧蚕丝、干鲜果、干鲜菜及调味品、药材、水产品,甚至茶叶。

5.2.1　农副产品品牌设计的意义

农副产品品牌设计是指为农副产品进行品牌策划、设计和营销的过程。它在农业领域中承担着重要的角色,既能提升农产品的附加值,增加农民的收入,还能推动农业产业的发展和提高农产品的竞争力。

5.2.2　农副产品品牌设计的要点

(1)品牌定位:农副产品品牌定位是品牌设计的首要工作。通过定位,可以确定目标受众、差异化优势和核心价值,为后续的品牌传播与推广提供基础。

(2)创意设计:农副产品的品牌设计需要有独特的创意和形象,以吸引消费者的注意力。创意设计要体现农产品的特点,突出其独特的生产环境和文化背景。

(3)线上线下结合:农副产品的品牌设计要充分利用线上线下的资源,通过宣传海报、包装设计、品牌故事等方式吸引消费者的关注。同时,要注重线上渠道的建设,通过电商平台和社交媒体等方式进行品牌推广。

一、农副产品类农产品 Banner 图设计

步骤 1:打开 Photoshop,新建一个大小为"750×390 像素",分辨率为"72 像素/英寸"的文档,命名为"蔬菜 Banner 图";

步骤 2:新建图层,选择"矩形选框工具",框选如下区域,修改前景色为#98efdc,针对选区进行填充,效果如图 5-51 所示。

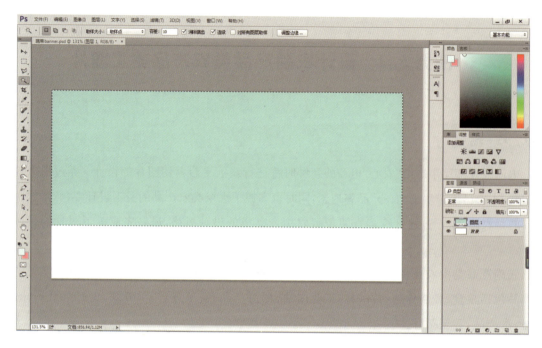

图 5-51

步骤3：选择"矩形选框工具"，框选下半部分，修改前景色为#4ec5ab，进行填充，效果如图5-52所示。

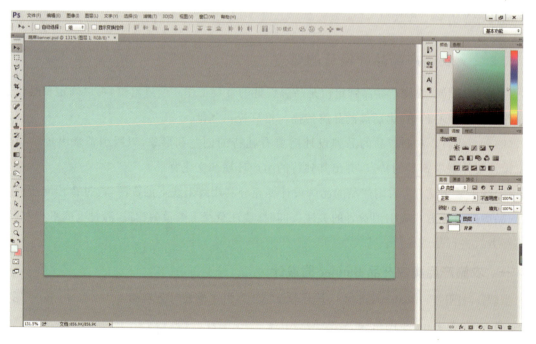

图 5-52

项目5 设计农产品线上平台营销图片

步骤4：选择"画笔"工具，修改前景色为白色，在属性中调节画笔为柔边缘，在画布的右侧进行涂抹，并将该图层的不透明度修改为80%，效果如图5-53所示。

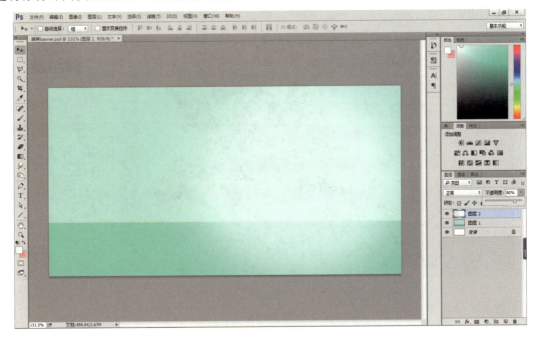

图 5-53

步骤5：置入"蔬菜.jpg"素材，调整大小，并放置到合适的位置，双击图层，打开"图层样式"，勾选"投影"命令，正片叠底颜色为#6dcbb7，并进行如图5-54(a)所示操作，效果如图5-54(b)所示。

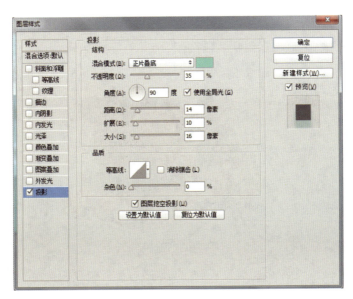

(a)

(b)

图 5-54

步骤 6：选择"文字工具"添加"鲜蔬上新日"文字效果,颜色为#53b17b 字体为汉仪粗宋简,字号为 50 点,双击图层,打开"图层样式",勾选"描边"命令,描边大小为 5 像素,位置为外部,颜色为白色,效果如图 5-55 所示。

图 5-55

步骤7：继续选择"文字工具"添加"当季精选 新鲜发布"文字效果，颜色为#37670a，字体为"黑体"，字号为31点，效果如图5-56所示。

图5-56

步骤8：选择"圆角矩形"工具，绘制一个圆角矩形，颜色为白色，同时选择文字工具，添加"立即抢购"文字，字体为黑体，颜色为#53b17b，效果如图5-57所示。

图5-57

步骤9:蔬菜Banner图设计制作完成(图5-58),按【Ctrl+S】组合键保存文件(配套资源:\素材\项目五\蔬菜Banner图)。

图 5-58

二、农副产品类农产品商品主图设计

步骤1:启动Photoshop,新建大小为"800×800像素"、分辨率为"72像素/英寸",名称为"蔬菜主图"的文件。

步骤2:新建图层,修改前景色为♯abda72,按【Ctrl+Delete】组合键填充背景,效果如图5-59所示。

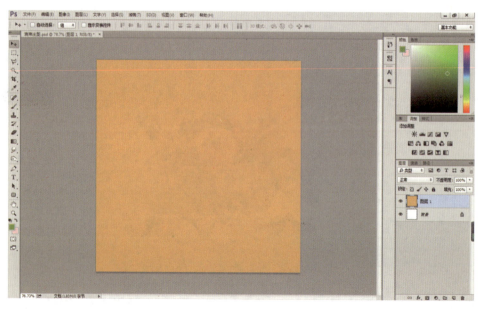

图 5-59

步骤3:选择"圆角矩形"工具,绘制如下图形,圆角半径为30像素,颜色为白色,效果如图5-60所示。

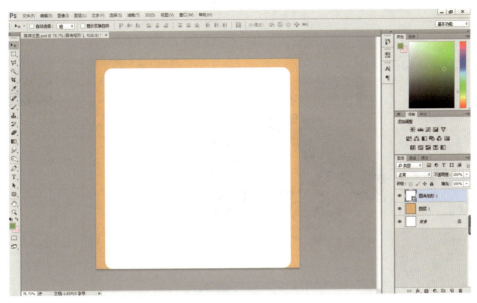

图 5-60

步骤4:置入"蔬菜主图.jpg"素材,调整大小,移动到合适的位置,效果如图5-61所示。

图 5-61

步骤5:选择"文字工具",输入"新鲜蔬菜直达",颜色分别为#5f9621和#e8722b,字体为方正标致简体,字号为 54 点,效果如图 5-62 所示。

图 5-62

步骤 6:选择"圆角矩形"工具,绘制圆角矩形,颜色为#5f9621,并在属性面板中进行调节,将左上角和右上角的圆角半径参数修改为 0;继续选择"文字工具",输入"农心·爱心助农",字体为黑体,字号为 32 点,颜色为白色,效果如图 5-63 所示。

图 5-63

步骤7:选择"钢笔工具",绘制如图5-64所示的图形,颜色为#5f9621。

图 5-64

步骤8:选择"椭圆"工具,绘制椭圆,颜色为#ffe69b,双击打开"图层样式",勾选"内发光"命令,杂色的颜色为#e9ac55,并进行如图5-65(a)所示设置,效果如图5-65(b)所示。

(a)

(b)

图 5-65

步骤 9：选择"文字工具"，输入"全场八折起 现货直发"，字体为黑体，字号为 55 点，颜色为白色；继续输入文字"到手价"，字体为"阿里巴巴普惠体"，字号为 34 点，颜色为♯5f9621；继续输入文字"￥16.8"，字体为阿里巴巴普惠体，颜色为♯5f9621；效果如图 5-66 所示。

图 5-66

步骤10：蔬菜主图设计制作完成（图5-67），按【Ctrl＋S】组合键保存文件（配套资源：\素材\项目五\蔬菜主图）。

图5-67

三、农副产品类农产品详情页设计

1. 焦点图制作

步骤1：启动Photoshop，新建大小为"750×1000像素"、分辨率为"72像素/英寸"、名称为"胡萝卜焦点图"的文件。

步骤2：置入"胡萝卜.jpg"素材，调整大小和位置，如图5-68所示。

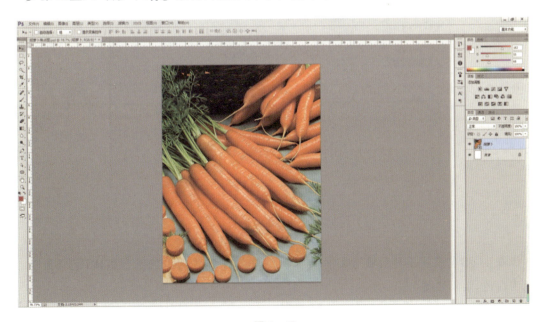

图5-68

步骤3:选择"钢笔工具",绘制如图5-69(a)所示图形,双击该图层,打开"图层样式",命令,勾选"渐变叠加"命令,添加渐变颜色♯f36f1c～♯fdad5b,参数如图5-69(b)所示。

(a)

(b)

图 5-69

步骤4:选择"文字工具",输入文字"美味胡萝卜",字体为阿里巴巴普惠体,字号为54点,颜色为白色,效果如图5-70所示。

项目5　设计农产品线上平台营销图片　171

图 5-70

步骤 5：选择"椭圆工具"，绘制一个椭圆，并复制五个，效果如图 5-71 所示。

图 5-71

步骤 6：选择"文字工具"，输入文字"美味营养丰富"，字体为阿里巴巴普惠体，字号为 24 点，颜色为 #ee6d0e，效果如图 5-72 所示。

图 5-72

步骤 7:选择"矩形工具",绘制图 5-73 所示图形,颜色为白色。

图 5-73

步骤 8:选择"文字工具",输入"原生态绿色健康蔬菜",字体为黑体,字号为 18 点,颜色为白色,效果如图 5-74 所示。

项目 5　设计农产品线上平台营销图片　　173

图 5-74

步骤 9：选择"形状 1"图层，按【Ctrl+J】组合键复制图层，按【Ctrl+T】组合键打开自由变换选框，分别执行"垂直翻转"和"水平翻转"命令，效果如图 5-75 所示。

图 5-75

步骤 10：选择"椭圆工具"，绘制正圆图形，并进行复制粘贴，效果如图 5-76 所示。

图 7-76

步骤 11：选择"文字工具"，添加"多汁""美味""低糖""营养"文字，字体为阿里巴巴普惠体，字号为 24 点，颜色为♯ee6d0e，效果如图 5-77 所示。

图 5-77

步骤 12：胡萝卜详情页焦点图设计制作完成，按【Ctrl＋S】组合键保存文件（配套资源：\素材\项目五\胡萝卜焦点图）。

2. 卖点及细节图制作

步骤1：启动Photoshop，新建大小为"750×3000像素"、分辨率为"72像素/英寸"、名称为"胡萝卜卖点及细节图"的文件。

步骤2：新建图层，修改前景色为#fff4e2，按【Ctrl+Delete】组合键填充背景，选择"文字工具"输入如下文字，效果如图5-78所示。

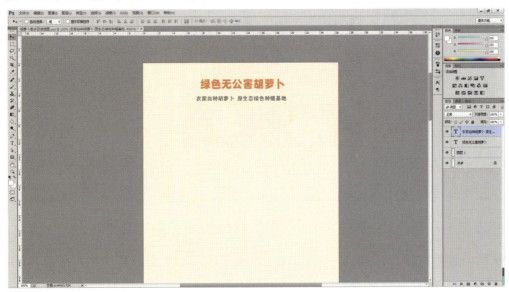

图 5-78

步骤3：置入"胡萝卜.jpg"素材，调整大小和位置，如图5-79所示。

图 5-79

步骤4：选择"椭圆工具"，绘制如图5-80所示图形，并将其图层不透明度修改为80%。

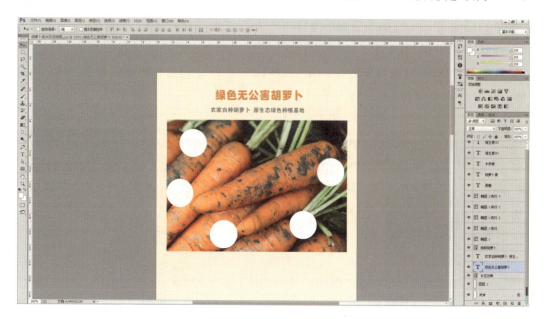

图5-80

步骤5：选择"文字工具"添加"蔗糖""胡萝卜素""木质素""维生素B1""维生素B2"文字，效果如图5-81所示。

图5-81

步骤6：置入"胡萝卜产地.jpg"素材，，对其进行栅格化命令，并调整大小和位置，在菜单栏中执行"滤镜→模糊→高斯模糊"效果，高斯模糊的数值为7像素；选择"矩形选框"工具，选中图片的上半部分与下半部分进行删除，从而得到清晰的图像上下边缘，效果如图5-82所示。

图 5-82

步骤7：添加文字"胡萝卜小档案"，选择"圆角矩形"工具绘制圆角矩形，并将其不透明底调整为50%，置入"胡萝卜档案"素材，调整大小，放置到合适位置，效果如图5-83所示。

图 5-83

步骤8：添加胡萝卜小档案的文字信息，效果如图5-84所示。

图5-84

步骤9：选择"矩形工具"，绘制三个矩形，并添加文字信息，效果如图5-85所示。

图5-85

步骤10：置入"胡萝卜特色.jpg"素材，调整大小，并放置到合适位置，效果如图5-86所示。

项目5　设计农产品线上平台营销图片　179

图 5-86

步骤11：选择"椭圆工具"，绘制三个椭圆，并添加文字信息，效果如图5-87所示。

图 5-87

步骤12：置入"胡萝卜特色.jpg"素材，调整大小，并放置到合适位置，效果如图5-88所示。

图 5-88

步骤13:胡萝卜卖点及信息图设计制作完成,按【Ctrl+S】组合键保存文件(配套资源:\素材\项目五\胡萝卜卖点及信息图)。

四、农副产品类农产品营销推广图片设计

步骤1:启动 Photoshop,新建大小为"800×800 像素"、分辨率为"72 像素/英寸"、名称为"板栗南瓜直通车图"的文件。

步骤2:置入"板栗南瓜.jpg"素材,调整大小及位置,按【Ctrl+T】组合键打开"自由变换选框"命令,选择"水平翻转"命令,效果如图 5-89 所示。

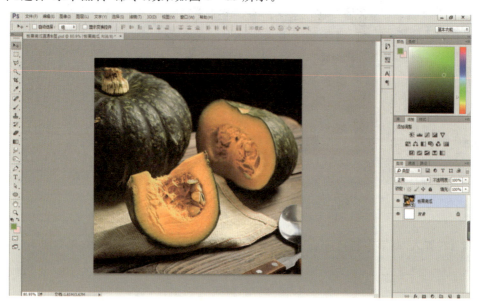

图 5-89

项目5 设计农产品线上平台营销图片 181

步骤3:选择"矩形"和"椭圆",颜色为♯ff9429,工具绘制如下图形,效果如图5-90所示。

图 5-90

步骤4:选择"文字工具",输入如下文字,字体为阿里巴巴普体,颜色为白色,效果如图5-91所示。

图 5-91

步骤 5：继续选择"文字工具"，输入如下文字，效果如图 5-92 所示。

图 5-92

步骤 6：板栗南瓜直通车推广图设计制作完成，按【Ctrl+S】组合键保存文件（配套资源:\素材\项目五\板栗南瓜直通车）。

▶ 任务 5.3　设计花卉类农产品美工图片

任务描述

小影很好地完成了农副产品类美工图片的设计与制作，接下来需要设计的是花卉类农产品美工图片，小影查阅了相关资料，总结出花卉类农产品的美工设计风格通常以自然风格为主。于是，她决定从自然风格设计入手，进行农产品美工图片的设计与制作。

花卉类的自然风格强调尊重自然，追求花材的原始形态和自然美，通过巧妙地排列组合，创造出一种宛如自然生长的植物群落般的效果。

自然风格的花卉艺术作品注重层次感和空间感。通过合理地运用花材的色彩、形态和质感，美工设计师可以创造出一种有深度的空间感，让卖家感受到一种真实的自然环境。同时，在色彩搭配上，可以遵从自然风格，注重和谐与自然。美工设计师通常可以选择与周围环境相协调的色彩，避免过于突兀或过于浓烈的色彩搭配，以保持整个作品的自然气息。

一、花卉类农产品 Banner 图设计

步骤1:打开 Photoshop,新建一个大小为"750×390 像素",分辨率为"72 像素/英寸"的文档,命名为"百合花 Banner 图";

步骤2:新建一个图层,选择"线性渐变"口,在工具属性栏中设置渐变颜色为♯d3ebe6~♯bccda2,单击"线性渐变"按钮,按住鼠标左键不放从图像编辑区左边到右边边缘拖曳鼠标,然后释放鼠标左键,填充背景,如图 5-93 所示。

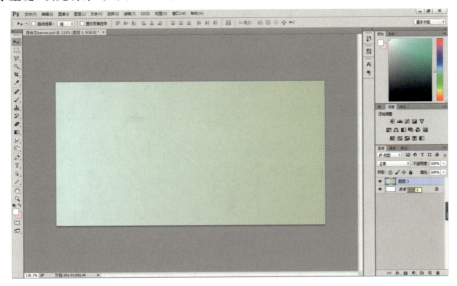

图 5-93

步骤3:置入"百合花.jpg"和"百合花2.jpg"素材,调整大小,并放置到合适的位置,效果如图 5-94 所示。

图 5-94

步骤4:选择"钢笔工具",绘制如图5-95所示的三角形,右键单击图层,选择"栅格化"命令。

图5-95

步骤5:选择"形状1"图层,在菜单栏中选择"滤镜→模糊→高斯模糊"命令,模糊值为57,效果如图5-96所示。

图5-96

步骤6：选择"文字工具"添加"LILY"文字效果，颜色为白色，字体为"Arial Bold"，字号为191点，修改该图层的不透明度为50%，效果如图5-97所示。

图 5-97

步骤7：选择"文字工具"添加"香水百合"文字效果，颜色为♯6b9121，字体为"汉仪水滴体繁"，字号为76点；继续添加"云南昆明 基地直发"文字效果，颜色为♯99b337，字体为经典平黑简，字号为24点，效果如图5-98所示。

图 5-98

步骤 8：选择"圆角矩形工具"绘制圆角矩形，颜色为白色，继续选择"文字工具"，添加"立即抢购"文字效果，颜色为♯e38122，字体为黑体，字号为 30 点，效果如图 5-99 所示。

图 5-99

步骤 9：置入"百合花 1.jpg"素材，调整大小，并放置到合适的位置，效果如图 5-100 所示。

图 5-100

步骤10:百合花 Banner 图设计制作完成(图5-101),按【Ctrl+S】组合键保存文件(配套资源:\素材\项目五\百合花 Banner 图)。

图 5-101

二、花卉类农产品商品主图设计

步骤1:启动 Photoshop,新建大小为"800×800 像素"、分辨率为"72 像素/英寸",名称为"玫瑰花茶主图"的文件。

步骤2:新建图层,修改前景色为#932730,按【Ctrl+Delete】组合键填充背景,效果如图5-102 所示。

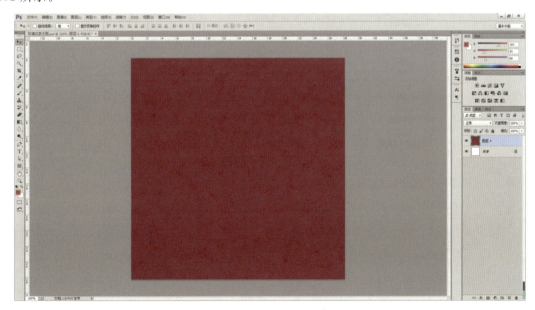

图 5-102

步骤3:选择"圆角矩形"工具,绘制如下图形,颜色为♯ea5464,效果如图5-103所示。

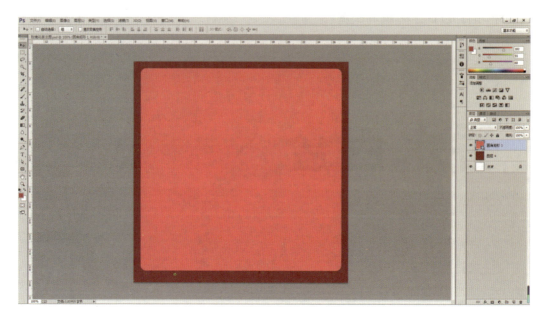

图5-103

步骤4:置入"玫瑰花茶.jpg"素材,调整大小,移动到合适的位置,双击图层,打开"图层样式"命令,勾选"投影"命令,正片叠底的颜色为♯71181f,进行如图5-104(a)所示设置,效果如图5-104(b)所示。

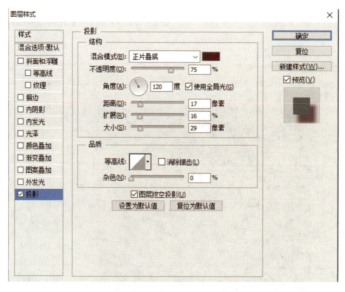

(a)

(b)

图 5-104

步骤5:选择"文字工具",输入"玫瑰花茶",字体为阿里巴巴普惠体,颜色为白色,字号为63点;继续输入文字"一杯花茶 尽享惬意时光!",字体为方正启体简体,颜色为白色,字号为30点,效果如图5-105所示。

图 5-105

步骤6:选择"圆角矩形"工具,绘制圆角矩形,颜色为白色,复制两个,效果如图5-106所示。

图 5－106

步骤 7：选择"文字工具"，分别输入"真天然""无硫酸""自然香"文字信息，字体为黑体，字号为 37 点，颜色为♯932730，效果如图 5－107 所示。

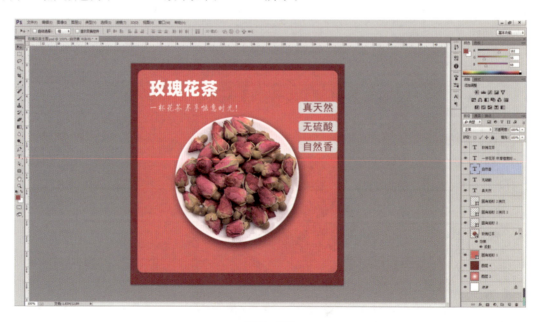

图 5－107

步骤 8：选择"钢笔工具"，绘制如下图形，颜色为♯932730，选择"椭圆工具"，绘制椭圆，颜色为♯932730，效果如图 5－108 所示。

项目5　设计农产品线上平台营销图片

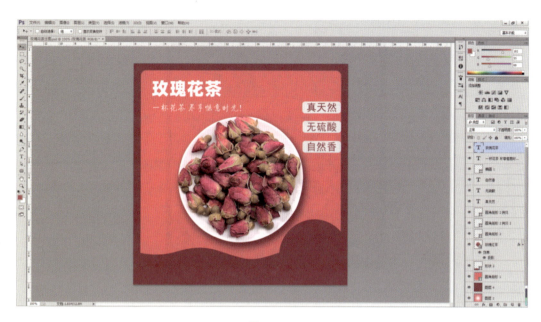

图 5-108

步骤9：选择"文字工具"，输入"花香怡人 完整饱满"，字体为黑体，字号为50点，颜色为白色；继续输入文字"到手价"，字体为阿里巴巴普惠体，字号为24点，颜色为白色；继续输入文字"￥26.9"，字体为阿里巴巴普惠体，颜色为白色；效果如图5-109所示。

图 5-109

步骤10：玫瑰花茶主图设计制作完成（图5-110），按【Ctrl+S】组合键保存文件（配套资源：

\素材\项目五\玫瑰花茶主图）。

图 5－110

三、花卉类农产品详情页设计

步骤 1：启动 Photoshop，新建大小为"750×3000 像素"、分辨率为"72 像素/英寸"、名称为"绣球花详情页"的文件。

步骤 2：新建一个图层，选择"矩形选框"工具，绘制如下选框，选择"渐变工具"，设置渐变类型为"线性渐变"，渐变颜色为♯eba5bc～♯a4bbf8，在选区从上到下拖拽，绘制渐变效果，效果如图 5－111 所示。

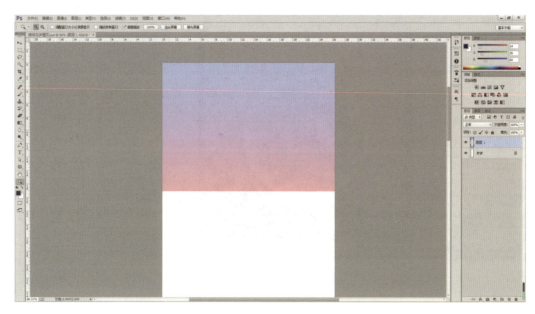

图 5－111

步骤3:选择"文字工具",输入"FLOWER",字体为黑体,颜色为白色,并设置图层不透明度为32%,复制一层,调整大小和位置,如图5-112所示。

图5-112

步骤4:置入"绣球花1.jpg"素材,调整大小及位置,效果如图5-113所示。

图5-113

步骤5:选择"文字工具",输入文字"绣球花""云南基地直发""新鲜保证",字体为黑体,颜色为白色,效果如图 5-114 所示。

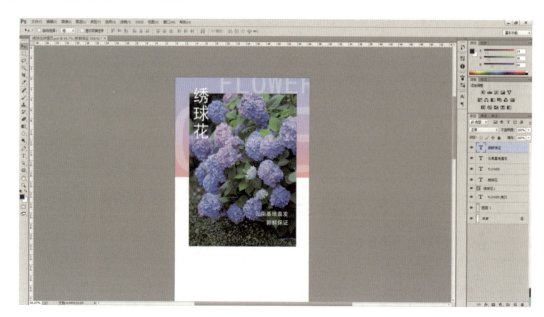

图 5-114

步骤 6:选择"矩形工具",绘制如图 5-115 所示矩形,颜色分别为♯dfb1f0 和♯101146。

图 5-115

步骤 7:选择"文字工具",输入文字"现采现发""品质保证""颜色鲜艳",字体为阿里巴巴普惠体,字号为 39 点,颜色为♯101146,效果如图 5-116 所示。

项目5 设计农产品线上平台营销图片

图 5-116

步骤 8:选择"文字工具"输入文字"花语""绣球花的花语是希望、忠贞、永恒、美满、团聚等 送绣球花代表非常美好的祝福 无论爱情还是亲情,开出了永恒、美满、团聚的颜色 一切都有了期待,有了美丽的希望",置入"紫色绣球花.jpg"素材,效果如图 5-117 所示。

图 5-117

步骤 9:选择"矩形选框工具",绘制一个矩形选区,选择"渐变工具",设置渐变类型为"线性渐变",渐变颜色从♯eba5bc~♯a4bbf8,在选区从上到下拖拽,绘制渐变效果,并添加文字"为什么选择我们?",效果如图 5-118 所示。

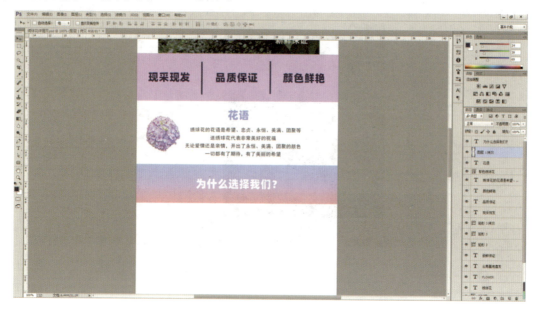

图 5-118

步骤 10:置入"绣球花产地.jpg"素材,调整大小和位置,效果如图 5-119 所示。

图 5-119

步骤 11:选择"圆角矩形工具",绘制图形,颜色为白色,调整图层的不透明度为 60%,继续添加文字,效果如图 5-120 所示。

项目5 设计农产品线上平台营销图片 197

图 5-120

步骤12:选择"矩形选框工具",绘制一个矩形选区,选择"渐变工具",设置渐变类型为"线性渐变",渐变颜色为♯eba5bc~♯a4bbf8,在选区从上到下拖拽,绘制渐变效果,添加文字"产品参数",效果如图5-121所示。

图 5-121

步骤13:选择"文字工具"输入文字,同时置入"绣球花.jpg"素材,调整大小和位置,效果如

图 5-122 所示。

图 5-122

步骤 14：复制步骤 9 中的"矩形选区"，并添加文字"种植养护"，效果如图 5-123 所示。

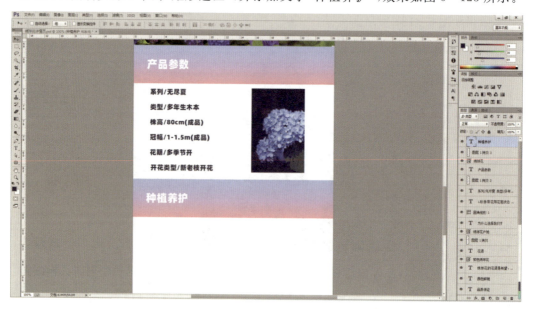

图 5-123

步骤 15：置入"种植养护.jpg"素材，调整其大小和位置，效果如图 5-124 所示。

项目5　设计农产品线上平台营销图片

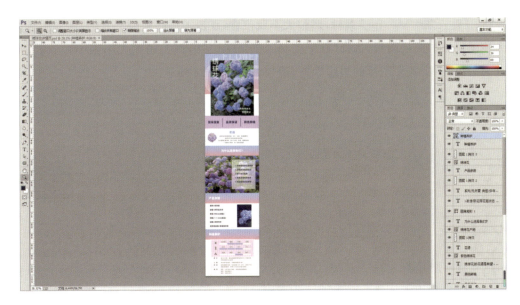

图 5-124

步骤 16：绣球花详情页设计制作完成，按【Ctrl＋S】组合键保存文件（配套资源：\素材\项目五\绣球花详情页）。

四、花卉类农产品营销推广图片设计

步骤 1：启动 Photoshop，新建大小为"800×800 像素"、分辨率为"72 像素/英寸"、名称为"康乃馨直通车图"的文件。

步骤 2：新建图层，修改前景色为♯ffc9d7，填充图层，效果如图 5-125 所示。

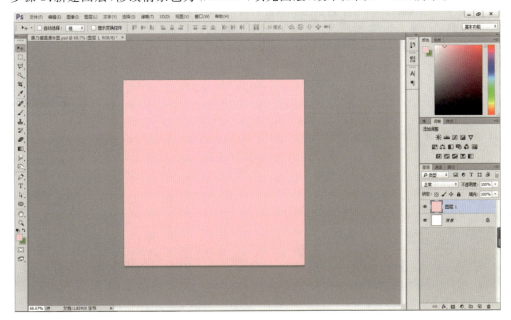

图 5-125

步骤3：置入"康乃馨.jpg"素材，调整大小及位置，点击图层面板最下方的"添加图层面板按钮"，为该图层添加图层面板，选择"画笔工具"，调节为"柔边圆"，画笔大小为300像素，将前景色修改为黑色，在康乃馨图片的边缘涂抹，效果如图5-126所示。

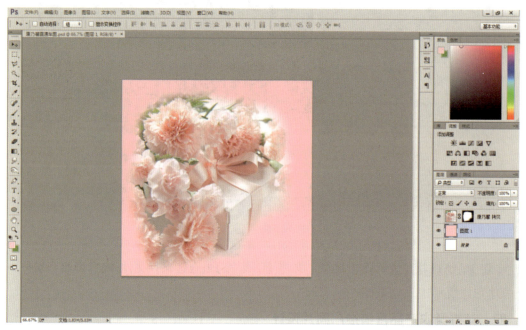

图5-126

步骤4：选择"圆角矩形"工具绘制如下图形效果，颜色为♯ee235c，效果如图5-127所示。

图5-127

步骤 5：选择"矩形"工具绘制矩形，颜色为♯f1a7a5，效果如图 5-128 所示。

图 5-128

步骤 6：继续选择"矩形"工具绘制矩形，颜色为♯e57c79，效果如图 5-129 所示。

图 5-129

步骤7：选择"钢笔工具"，绘制如下图形，颜色为♯fbdddc，效果如图5－130所示。

图5－130

步骤8：选择"文字工具"，添加"节日大促"文字，字体为阿里巴巴普惠体，字号为43点，颜色为白色，效果如图5－131所示。

图5－131

步骤9：选择"文字工具"，添加"送给母亲的康乃馨"文字，字体为全新硬笔行书简，颜色为♯ee235c，字号大小分别为45点和112点，效果如图5-132所示。

图5-132

步骤10：选择"文字工具"添加文字，字体为阿里巴巴普惠体，颜色为♯ee235c，效果如图5-133所示。

图5-133

步骤11：选择"文字工具"添加文字，字体为阿里巴巴普惠体，颜色为白色，效果如图5-134所示。

图5-134

步骤12：康乃馨-直通车推广图设计制作完成（图5-135），按【Ctrl+S】组合键保存文件（配套资源：\素材\项目五\康乃馨直通车图）。

图5-135